Norbert Abels

*Richard Wagner*s Parsifal

© axel dielmann – verlag
Kommanditgesellschaft in Frankfurt am Main, 2013
Alle Rechte vorbehalten

Satz Urs van der Leyn, Basel
Titel-Abbildung aus Wolfram von Eschenbach Parzival
Text Steinacker Kompilation aus
Richard Wagner und die Religion
© WBG Wissenschaftliche Buchgesellschaft, 2008, Darmstadt
Libretto Parsifal aus NTA Neue Text-Ausgabe Richard Wagner
© axel dielmann – verlag, 2013, Frankfurt am Main
Kurze Notizen aus NTA Neue Text-Ausgabe Richard Wagner
© axel dielmann – verlag, 2013, Frankfurt am Main

ISBN 978 3 86638 159 9

RICHARD WAGNERs
Bühnenweihfestspiel PARSIFAL
WELTERLÖSUNG

Herausgegeben von
Norbert Abels

Textbuch zur Oper Parsifal
*Richard Wagner*s Zweite Prosa-Fassung
Kommentare zur Entstehung
und Begleittexte
von *Norbert Abels*
und *Peter Steinacker*

axel dielmann — verlag

Kommanditgesellschaft in Frankfurt am Main

Inhaltsverzeichnis
Zu Richard Wagners *Parsifal*

Norbert Abels
Wolkenschichten und Nebelkreise
Zu Richard Wagners *Parsifal*   7

Kurze Notiz
Zu den frühen Fassungen
von Richard Wagners *Parzival*   19

Richard Wagner
Parzival
Der Zweite Prosa-Entwurf   21

Kurze Notiz
Zum Textbuch
von Richard Wagners *Parsifal*   51

Richard Wagner
Parsifal
Ein Bühnenweihfestspiel
Das Textbuch   55

Peter Steinacker
Durch Mitleid wissend der reine Tor
(*Parsifal*)   113

Norbert Abels

Wolkenschichten und Nebelkreise
Zu Richard Wagners *Parsifal*

No more could touch the earth which he had paid for,
Nor feel the love which he knew all about.
W. H. Auden

1836 erschienen zwei Werke, die für den dreiundzwanzigjährigen Kapellmeister Richard Wagner einmal von entscheidender Bedeutung werden sollten. Giacomo Meyerbeers Grand Opéra *Les Huguenots*, eine tragische Liebesgeschichte vor dem Hintergrund des Bartholomäusnacht-Massakers, war ein Höhepunkt der historischen Oper, eines damals äußerst beliebten Genres. Die Menschen erfuhren sich immer stärker als Objekte der unaufhaltsam erscheinenden Geschichtsdynamik, die im Vorfeld der bürgerlichen Revolutionen auf der Bühne des Schauspiels und des Musiktheaters geradezu seismographisch nachverfolgt wurde. Das äußerst geschichtsfatalistische Drama *Dantons Tod*, von Wagners Altersgenossen Georg Büchner kurz zuvor fertiggestellt, handelte ebenso von jener Eigendynamik des historischen Prozesses.

Für den jungen Wagner, der 1836 auch Spontinis *Fernando Cortez* (1809) kennengelernt hatte, bot vor allem aber Meyerbeers erfolgreichstes Werk das architektonische Modell der eigenen tragischen, historischen Oper *Rienzi, der letzte der Tribunen*. Sie wurde verfasst nach der Romanvorlage des so schaurigen wie dickleibigen Geschichtsromans Edward George Bulwer-Lyttons, der sein Buch dem romantischen Genius der italienischen Befreiungsbewegung, Allessandro Manzoni, gewidmet hatte.

Nicht minder entscheidend, wenn auch in einem ganz

anderen Sinn, war für Wagner die 1836 erschienene neue Übersetzung von Wolfram von Eschenbachs epischem Großwerk *Parzival* aus der ein „archaisierendes Neuhochdeutsch" (Peter Wapnewski) favorisierenden Feder Albert Schulz', der unter dem Pseudonym San Marte publizierte. Eine Parzival-Renaissance hatte damals längst eingesetzt. Friedrich de la Motte-Fouqués gigantisches, freilich noch ungedrucktes Rittergedicht *Der Parcival*, war drei Jahre zuvor beendet worden. Es endete, von fernen und nahen Chören flankiert, bereits mit jenem Wunden-Wunder, das auch Wagner einmal an den Ausgang seines Gralswerkes stellen sollte: „Ist es vollbracht, das Wunder der Heilung? – / Schauernd fragen wir, – Schauernd lauschen wir, – / Und wie von geöffneten Himmeln hernieder/ Durchwallt uns entzückend ein feierndes: / 'Ja!' –". In Wagners Geburtsjahr war die romantische Gralrenaissance mit Johann Joseph Görres' sagengeschichtlicher Einleitung zu *Der Gral* und *Der Gralstempel* aus *Lohengrin* eröffnet worden – ein Autor immerhin, dessen Wichtigkeit für den Komponisten kaum zu überschätzen ist. Bei Görres wurde die Transsubstantiation von Wein und Brot, Blut und Leib bereits in jenen griechisch-dionysischen sowie indisch-hinduistischen Kontext gerückt, der für Wagners Spätwerk entscheidend nachwirken sollte. Als Schlüsselbegriff dabei galt das mystische Opfermahl, dessen Gedenken am Karfreitag geschieht, an dem eine Taube vom Himmel die Hostie den Irdischen bringt und die Gralszeremonie zum Abschluss gelangen lässt: „Gleich wie nun die Glieder des alten von den Titanen zerrissenen Bacchus in jenem Becher gesammelt wurden, so in dem Kelche des neuen Bundes Fleisch und Blut des Gekreuzigten, und die Mysterien wurden nun in gemeinschaftlichen Opfermalen öffentlich gefeiert und die Gemeinde trank mit dem Priester den Wein des neuen Dionysos ..."
Karl Immermanns faustisch-allegorisches Drama *Merlin*

(1832), worin Parsifal mit seinem Sohn Lohengrin eine vom Sinndefizit gezeichnete Welt durchstreift, rückte bereits eine weitere Achse des Wagner'schen *Parsifal* ins Zentrum. Wagners Überzeugung vom Ersatz der Religion durch Kunst, sein Konzept einer Kunstreligion, fand sich hier schon ein, freilich weniger apotheotisiert denn als desolates Konstrukt eines materialistischen Kahlschlages. Die Erde, sagt der Gralsritter, sei nur ein leerer, mit Gebein besäter, baumloser und unfruchtbarer Anger, auf dem einzig „die schwarze Fahne der Verzweiflung" wehe. Kunst, der nun das Erlösungswerk anvertraut werde, könne sich eines solchen Auftrages nur um den Preis ihrer Transformation zum Blend- und Trugwerk annehmen. Merlin der Zauberer und Teufelssohn, formuliert das so: „Wenn der Glaub' entwich / An Seel' und Leben, und die Schriftgelehrten / Staub über Staub von dürrer Rinde kehrten, / Mit Namen, Zahlen, hohem Schall sich brüsten, / Dann wird die Dürstenden nach frischem Trunk gelüsten, / Dann fließen Merlins Sagen …" Frischer Trunk: Das sollte im Sinne eines gründungsmythisch–metaphysischen Kunstentwurfes Wagners *Parsifal* in der Tat leisten. Religion stiften: Dieser Selbsterhaltungstraum des Künstlers, der der Nachwelt, den nach seinem Tode „weiterleben müssenden" (Einar Schleef) die ihnen gemäße Weltsicht testamentarisch überschreibt, sollte im Bayreuther Sommer von 1882 wirkungsmächtig den angereisten Herrschaften vermittelt werden. Wagners Rekurs auf Schillers Auslassung über die Unfähigkeit, die christlichen Glaubenswerte in adäquaten Darstellungen *des Höchsten* zu gestalten, stellte er seinen grundlegenden, den Breitengrad des Bühnenweihefestspiels flankierenden Überlegungen voraus: „Man könnte sagen, daß da, wo die Religion künstlich wird, der Kunst es vorbehalten sei, den Kern der Religion zu retten, indem sie die mythischen Symbole, welche die erstere im eigentlichen Sinne als wahr geglaubt wissen will, ihrem sinnbildlichen Werthe nach erfaßt, um durch ideale Darstellung derselben die in ihnen verborgene tiefe Wahrheit erkennen zu lassen.

Die ungeheure, nach Görres einsetzende Gralskonjunktur ging an Wagner nicht vorbei. Erste Ideen zu einer den Stoff anverwandelnden Arbeit tauchten deshalb verstärkt seit der Mitte der sechziger Jahre auf. Sowohl Meyerbeers Einarbeitung des Luther-Chorals *Eine feste Burg* als auch das ebenfalls 1836 erstmals erklingende, mit evangelischer Choraltradition reich ausstaffierte *Paulus*-Oratorium Mendelssohn Bartholdys, den Wagner im selben Jahr kennenlernte, mochten auch musikalische Impulse gegeben haben für die späteren kirchenmusikalischen Interpolationen des *Parsifal*.

Erst ein knappes Dezennium nach dem in so vielerlei Hinsicht bedeutsamen Initiationsjahr 1836 gedieh während eines Kuraufenthaltes in Marienbad der Plan zu einer wirklichen, in einem Werk sich manifestierenden Auseinandersetzung mit dem Gralsstoff. Wagner hat den Eingebungsaugenblick in seiner Autobiografie in gewohnt mystifizierender Weise als gleichsam göttlichen Empfängnisakt stilisiert und es dabei, wie sonst auch, mit Zeit und Raum nicht eben genau genommen. Für ihn besaßen Imaginationen den gleichen Wirklichkeitsgrad wie empirische Tatsachen. Wichtig bleibt, dass ihn das immer mehr akkumulierende Assoziationsmaterial geradezu magisch in seinen Bann schlug und sich die folgenden vierzig Jahre als – um Novalis zu bemühen – lange Wanderung eines tonkünstlerischen Anachoreten durch die *Wüste des Verstandes* nicht minder handelten als um den Weg des Zusammenschlusses von Kunst und Religion zur tönenden Bayreuther Hügelpredigt. Hinter dessen fränkischer Flachheit türmte sich in effigie am Ende der Berg von Monsalvat auf, als sei er schon immer dessen Antizipation gewesen.

1865 verfaßte Wagner, von dem selbst auch gelegentlich Parzifal geheißenen König Ludwig („Mein Parsifal!

Mein hohes Himmelsglück!") motiviert, den ersten Prosaentwurf. Die Figur des Parzifal, Lohengrins in der Gralserzählung der gleichnamigen Romantischen Oper von 1850 erwähnter Vater, hatte inzwischen schärfere Konturen angenommen. Es gewährt einen interessanten Einblick in die Physiologie von Wagners künstlerischem Schaffen, diesen ersten Versuch mit den kommenden, das motivische Zentrum eines Ethos des Mitleids beständig dichter illuminierenden Fassungen zu vergleichen.

Der zweite Entwurf wird in dialogisierter Prosa 1877 vollendet und *Parzifal* wandelt sich – hier folgt der Komponist der nicht zutreffenden Görres'schen Semantik aus dem mutmaßlich persischen *fal parsi* (reiner Tor) – zu *Parsifal*.

KUNDRY: Dich nannt' ich, thör'ger Reiner
  „Fal parsi", –
  Dich, reinen Thoren „Parsifal".
  So rief, da in arab'schem Land er verschied,
  dein Vater Gamuret dem Sohne zu,
  den er, im Mutterschooß verschlossen,
  mit diesem Namen sterbend grüßte.
  Dir ihn zu künden, harrt ich deiner hier:
  was zog dich her, wenn nicht der Kunde Wunsch?
PARSIFAL: Nie sah' ich, nie träumte mir, was jetzt
  ich schau', und was mit Bangen mich erfüllt. –
  Entblühtest du auch diesem Blumenhaine?
KUNDRY: Nein, Parsifal, du thör'ger Reiner!

Ende 1877 sandte Wagner Friedrich Nietzsche die überarbeitete, motivisch und dramaturgisch dichter verwobene Textrevision. Des einstigen Freundes soeben erschienener kulturkritischer Band *Menschliches, Allzumenschliches* liest sich heute wie ein einziger, diametral dem Wagner'schen Erlösungsgedanken entgegengesetzter Essay. Nietzsches Nachweis der Relativität, des Gemacht- und Gewordenseins aller als vollkommen sich darstellenden Schöpfungen, seine sezierende Analyse des ästhetischen Illusionismus, trafen Wagners Kunstbegriff im Innersten. „Trugmittel" und „Blendwerk", so lautete der despektierliche Terminus des Philosophen für das gleisnerische Verfahren, „die Seele des Schauers oder Hörers so zu stimmen, dass sie an das plötzliche Hervorspringen des Vollkommenen glaubt". Dass die Kunst ihr Haupt da erhebe, wo die Kraft der Religion entschwinde, dass die Kunst der Lust an der Lüge zunehmend zum Opfer falle, dass die grundlegende Idee zu einem Werk „wie ein Gnadenschein vom Himmel" herableuchte und dass überhaupt der Schein nunmehr alleine herrsche: all das musste Wagner auf sich beziehen. Die Reaktion Nietzsches war vorhersehbar, und auch Wagners die eigene Sendungsaura witzig dekouvrierende Unterschrift als „Richard Wagner, Ober-Kirchenrat" vermochte den irreversiblen Bruch zwischen dem Komponisten und dem Philosophen nicht mehr abzumildern. Im zweiten Band seines *Buches für freie Geister* fand sich dann, explizit am Namen Wagners kundgetan, das endgültige Urteil über dessen Weg vom tapferen Pessimismus zum Verkünder einer „idealistischen Lügnerei und Gewissens-Verweichlichung".

An Wagner ging solche Kritik am ästhetischen Schein keineswegs spurlos vorbei. Cosima Wagner gibt am 23. September 1878 eine zutiefst resignierte, zugleich aber zukunftsweisende Äußerung ihres Mannes über den theatralischen Illusionismus wieder: „'ach! es graut mir vor allem Kostüm, und Schminke-Wesen; wenn ich daran denke, daß diese Gestalten wie Kundry nun sollen gemummt werden, fallen mir gleich die ekelhaften Künstlerfeste ein, und nachdem ich das unsichtbare Orchester geschaffen, möchte ich auch das unsichtbare Theater erfinden! – Und das unhörbare Orchester', fügt er hinzu, das kummervolle Sinnen mit Humor beschließend."

Im Spätherbst 1878 schloss Wagner das Vorspiel zum

dritten Akt ab – wohl eine der bewegendsten Tonimpressionen des Komponisten. Die zunächst so schwer lastende, hernach aber mit Einsatz des Englischhorns sich ausbreitende Klangsphäre, erfährt ihr szenisches Pendant im Anbruch des Frühjahrs. Die anmutige Blumenaue im Licht des frühen Morgens nimmt als Naturbild den Tag der Auferstehung ebenso voraus, wie die in Es-Dur stehende, viertaktige Hornfigur zum dunkelsten Teil des Karfreitagsgeschehens überleitet.

Wagner unterbrach die immer wieder stockende Instrumentationsarbeit während des langen Italienaufenthaltes. Essayistische Flankierungen des sich immer mehr als Schlusspunkt des Schaffens offenbarenden Werkes, ein gründliches, letztmaliges Überdenken seiner grundlegenden Gehalte, schienen ihm unabdingbar. Parallel dazu nahmen die Zweifel an der Bühnentauglichkeit des *Parsifal* zu. In der längst in Angriff genommenen, gleichsam sakralen Exterritorialisierung des Weihespiels, seiner endgültigen und ausnahmelosen Platzierung im Festspielhaus sah Wagner jetzt unumstößlich dessen einzige Entfaltungsmöglichkeit: „Ich habe nun alle meine, noch so ideal konzipierten Werke an unsere, von mir als tief unsittlich erkannte, Theater- und Publikums-Praxis ausliefern müssen, daß ich mich nun wohl ernstlich fragen mußte, ob ich nicht wenigstens dieses letzte und heiligste meiner Werke vor dem gleichen Schicksal einer gemeinen Opernkarriere bewahren sollte. Eine entscheidende Nötigung hierfür habe ich endlich in dem reinen Gegenstande, dem Sujet, meines *Parsifal* nicht mehr verkennen dürfen. In der Tat, wie kann und darf eine Handlung, in welcher die erhabensten Mysterien des christlichen Glaubens offen in Szene gesetzt sind, auf Theatern wie den unsrigen, neben einem Opernrepertoire und vor einem Publikum, wie dem unsrigen vorgeführt werden? Unter dem Eindruck des Besuches der Kathedrale von Siena, vor allem seines dreischiffigen Inneren mit den

himmelwärts strebenden Säulen und der gewaltigen sechseckigen Kuppel, gewinnt das projektierte Ende des Werkes seine bühnenarchitektonische Gestaltung: „Besuch des Domes! R. zu Tränen hingerissen, der größte Eindruck, den er gehabt von einem Gebäude. Ich möchte das Vorspiel zu Parsifal unter der Kuppel hören!"
Noch im November 1880 beendete Wagner in Wahnfried sowohl die Instrumentation als auch die Reinschrift der Partitur. Die letzte Phase der Arbeit am *Parsifal*, „Othello's Tagwerk" (Richard Wagner), hub an. Am 12. November dirigierte Wagner in München das Vorspiel nur für den König, dem fast einzigen Zuhörer im Nationaltheater. Mit der Hilfe Engelbert Humperdincks wurde die Partitur mit der Reinschrift und einer Kopie endgültig fertiggestellt. Nahezu zeitgleich und nicht zuletzt durch den intensiven Gedankenaustausch mit dem Rassentheoretiker Arthur Comte de Gobineau, der in seinem Anthropologie, Ethnologie, Biologie, Linguistik und Historiografie wild durcheinander würfelnden „Essai sur l'inégalité des races humaines" die Persönlichkeit als Personifizierung der Blutsbande betrachtete, musste die Figur des Erlösers von Golgatha entjudaisiert werden. Wagners schon früher gehegter absonderlicher Zweifel, „ob Jesus selbst von jüdischem Stamme gewesen" sei, wird nun ergänzt durch eine obskure Blutsveredelungshypothese, die der weißen Rasse insgesamt die exklusive Fähigkeit zum bewussten Leiden und dem Blute des Gekreuzigten als deren Urquell den Rang als göttliches Mitleiden attestiert. „Das Blut in den Adern des Erlösers dürfte so der äußersten Anstrengung des Erlösung wollenden Willens zur Rettung des in seinen edelsten Rassen erliegenden menschlichen Geschlechtes, als göttliches Sublimat der Gattung selbst entflossen sein.
Am 13. Januar 1882 kann Cosima in ihrem Tagebuch mit den signifikanten Worten „es ist vollbracht" den definitiven Abschluss des *Parsifal* verkünden. Fünfzehn

Jahre zuvor hatte Wagners Mäzen emphatisch den Künstler als Erlöser der Welt sehen wollen. „Heil Ihnen, Erlöser! heiliger Gott! Ja, dieß sind Sie mir, sind es der Welt."

Wagner selbst hatte dem König stattdessen die Macht der Töne als erlösende Kraft suggeriert. Die neuere Musik, seine eigene Musik also, galt ihm als „der ausgleichende Erlöser, der Ermöglicher des Ausdruckes für eine neue Empfindung und Anschauung der Welt (…), als eine letzte und höchste Anstrengung der Natur, um dem Verderbniss der modernen Welt ein erlösendes Vorbild zu gewinnen".

Die Selbsterhöhung der Kunst zum Absoluten war ein Topos des romantischen Jahrhunderts. Die Kirche selbst müsse als Kunstwerk betrachtet werden, behauptete Schelling. Musik sei unsere „letzte Religion", schrieb Wagner an Weihnachten 1879. Diese Religion freilich befinde sich dabei, in „Gaukelwerk" aufgelöst zu werden. Die Welt werde gleichsam mit Musik überschwemmt. Noch aus der immer wieder prophezeiten Apokalypse ließe sich in einer Vertonung Kapital herausschlagen: „Kündigt den Weltuntergang an, und es wird ein großes Extra-Konzert dazu arrangiert!"

Wagner nahm voraus, was sich heute, im Zeichen einer übermächtigen Musikindustrie, längst zum globalen Lärmtsunami entwickelt hat, dem zu entkommen es einzig der Taubheit gelingen mag.

Skurril mutet indessen der unfreiwillige Selbstbezug dieser Worte an. Man vermag sie von Wagners eigenem Werk, darunter die elementarische Untergangsmusik der *Götterdämmerung* und der subtil-suggestive Karfreitagszauber des *Parsifal*, kaum zu lösen. Wenn jemand die ganze Welt im Sinne des romantischen Kunstuniversalismus unter Musik setzen wollte, dann Wagner selbst, der sie als Kunstreligion oder gleich – so am Beispiel von Beethovens Tonkunst – als „neue Religion" und „welter-

lösende Verkündigung der erhabensten Unschuld" apostrophiert sehen wollte.
Die Partitur des *Parsifal* kann gleichwohl in der Geschichte der Tonkunst als Zäsur eingestuft werden, die ihresgleichen sucht. Die Arbeit an ihr glich der alchemistischen Suche nach einem neuen Weltstoff. Diesen Weltstoff schuf Wagner aus dem Klang heraus. Die Phänomenologie des Wagner'schen Orchesterklanges, seine Klangdramaturgie, seine Farbmischung, seine Amalgamierung der individuellen Instrumentalfarben, sein komplexes Geflecht von musikalischer Gestalt und äußerer wie innerer Handlung, seine modifizierte Semantik der Leitmotivik, seine extreme harmonische Dichte: das alles war zukunftsweisend. Wann je zuvor war die Klanggestalt eines musikalischen Bühnenwerkes so untrennbar mit dessen innerem Gehalt verknüpft worden? Hans von Wolzogen berichtet von einem „wundersamen, unbestimmten, sphärenhaften" Summen und Klingen, das aus Wagners Arbeitsstätte während der *Parsifal*zeit herabdrang „wie die ersten Nebelkreise". Wie „Wolkenschichten, die sich teilen und wieder bilden", habe er, so Wagner, den kompositorischen Fluss gestalten wollen. Das klangliche Gesamtkolorit, darunter das höchst wirkungsmächtige Verfahren des gemischten Blechbläserklanges, die anverwandelnde Verwendung von Kirchentonarten neben der nie zuvor so auskomponierten Präferenz unaufgelöster oder besser *unerlöster* Dissonanzen, der Mischklang etwa von Geigen, Oboen und einer „sehr zarten" Trompete – nicht zuletzt die Aura des Echos, des Nachhorchens und des Verklingens, waren einzigartig. Der Orchesterklang des Werkes, „einmalig und ungeahnt" (Debussy) markierte, nach Theodor W. Adornos Formulierung, genau „die historische Stelle, wo erstmals der in sich vielschichtige, gebrochene Klang sich emanzipiert, für sich selbst einsteht."
Am 26. Juli dirigierte Hermann Levi die am Ende tosend

bejubelte Uraufführung des Bühnenweihfestspiels. Die alten Erwägungen, das Spiel ohne Applaus zu goutieren, verflüchtigten sich schnell. Bei der letzten Aufführung übernahm der im Graben auftauchende Komponist selbst während der Verwandlungsmusik des dritten Aktes die musikalische Leitung. In einem Dankschreiben vom November 1882 rückte Wagner nochmals den wirklichkeitsentrückten Zug des Werkes ins Zentrum. Wer, so fragte er, könne schon ein Leben lang in eine Welt der Heuchelei und des „legalisierten Mordes und Raubes" blicken, ohne sich zu Zeiten schaudernd von ihr abwenden zu müssen. *Parsifal*, uraufgeführt inmitten der naturalistischen Epoche, war die Frucht solcher Abwendung und zugleich die Apotheose jener „machtgeschützten Innerlichkeit", die Thomas Mann später als Wesenszug der deutschen Romantik ausweisen sollte. Wagner selbst formulierte das so:
„Somit konnten wir uns (...) der gewohnten Welt entrückt fühlen, und das Bewußtsein hiervon trat deutlich in der bangen Mahnung an die Rückkehr in eben diese Welt zu Tage. Verdankte ja auch der *Parsifal* selbst nur der Flucht vor derselben seine Entstehung und Ausbildung!"

Kurze Notiz

Zu den frühen Fassungen
von Richard Wagners *Parsifal*

Wagner, der sich seit der Pariser Zeit (1839 bis 1842) intensiv mit der Literatur des Mittelalters auseinandergesetzt hatte, kam während seines Marienbader Kuraufenthaltes (Sommer 1845) im Rahmen der Konzeption des *Lohengrin* auch mit Wolfram von Eschenbachs Parzival-Epos in Berührung. Knapp zehn Jahre später, während der ersten Vorarbeiten zu *Tristan und Isolde*, spielte er mit dem Gedanken, den auf der Gralssuche befindlichen Parzival im dritten Akt an Tristans Krankenlager auftreten zu lassen. Bei der näheren Ausgestaltung des Sujets strich Wagner diesen Auftritt jedoch später wieder; vermutlich verfolgte er schon den Plan, ein eigenständiges Parzival-Drama zu schreiben. Im Briefwechsel mit Mathilde Wesendonck wird ein solcher Plan verschiedentlich erwähnt. Die erste Prosa-Skizze aus dem Jahr 1857 ist allerdings verschollen – sofern eine solche überhaupt je wirklich existiert hat: In der Autobiographie *Mein Leben* beschreibt Wagner ein quasi-religiöses Erlebnis am Karfreitag 1857, das ihn zur Niederschrift dieses ersten Entwurfs bewogen habe, bekannte aber später Cosima gegenüber, dass diese Karfreitagsanekdote erfunden sei.

Gleichwohl hatte sich Wagner während seiner Arbeit am *Tristan* stets mit dem Gedanken eines eigenständigen Parzival-Dramas getragen. 1859 breitete er Mathilde Wesendonck ausführlich seine Ideen zum Parzival aus,

beschloss seine Ausführungen dann aber mit den Worten: „Und so etwas soll ich noch ausführen? und gar noch Musik dazu machen? – Bedanke mich schönstens! Das kann machen wer Lust hat; ich werde mir's bestens vom Halse halten!"
Noch deutlicher wird er in einer späteren Briefstelle – vieles an Wolframs Dichtung sei doch „abgeschmackt und völlig bedeutungslos", weshalb er letztlich zu viele Handlungselemente selbst erfinden müsse. In demselben Brief kommt Wagner abschließend zum Ergebnis: „Heute nehme ich Abschied von diesem unsinnigen Vorhaben; das mag Geibel machen und Liszt mag's komponieren!"
1865 hatte sich diese Haltung, bedingt durch die Bitte Ludwigs II. (Brief vom 21.08.), offensichtlich geändert. Wagner griff den Stoff erneut auf und verfasste vom 27. bis 30.08.1865 einen ersten Prosa-Entwurf, dessen anschließend angefertigte, in Teilen abweichende Reinschrift er dem König übergab. Ludwig II. identifizierte sich stark mit der Figur des Parzival; in Briefen ließ er sich bevorzugt als „Parzival" anreden ...
Danach legte Wagner den Stoff allerdings wieder zur Seite. Andere Projekte (*Die Meistersinger von Nürnberg*, *Der Ring des Nibelungen*, der Bau des Festspielhauses in Bayreuth) hinderten Wagner für die kommenden zwölf Jahre noch einmal daran, das geplante Werk näher auszuführen.
Der im Folgenden abgedruckte sogenannten 2. Prosa-Entwurf zum „Parzival" entstand zwischen dem 25.01. und 23.02.1877; er weist in vielem schon auf die spätere Endfassung hin.

Richard Wagner

Parzival
Der 2. Prosa-Entwurf

Erster Aufzug

Wald, schattig und ernst, doch nicht düster. Felsiger Boden. Eine Lichtung in der Mitte; links, aufsteigend, wird der Weg zur Gralsburg angenommen. Der Mitte des Hintergrundes zu senkt sich der Boden zu einem tiefer gelegenen Waldsee. – Tagesanbruch. – Gurnemanz mit 2 Knappen unter einem Baume schlafend. Morgenruf von der Gralsburg aus der Ferne (Posaunen). Gurnemanz erwachend, schilt die Knappen als träge Waldwächter. – Stummes Morgengebet – während der fernen Posaunen. – Es ist Zeit, den kranken König zu erwarten, der zum Bad im heiligen See geführt wird. Zwei junge Ritter kommen im Voraus. Auf Gurnemanz' eifrige Nachfrage, ob das Heilkraut, welches gestern der tapfere Gawan aus fernem Lande, durch schwere Kämpfe gewonnen, Anfortas überbracht, den Leiden des Königs Linderung verschafft habe, melden sie traurig, dass Anfortas, von erneuten Schmerzen gequält, schon vor Tagesanbruch eifrig nach dem Bade verlangt habe. – Verzweiflung. „Wer soll da helfen?" Und doch, Gurnemanz weiß ja, er selbst hat deutlich die Weissagung des Grals gelesen: Wohl kann geholfen werden. Er wird darum befragt. – Gurnemanz weicht aus. „Geht ihr! Bereitet das Bad!" – Knappen: „Seht dort, die wilde Reiterin!" – „Hei, wie fliegen der Teufelsmäre die Mähnen." „Es taumelt." „Die bringt wohl wichtige Kunde!" „Seht ihr sie schon durch die Luft fliehen?" „Jetzt kriecht die Märe am Boden hin."

In der Ferne, von rechts her, wird Kundry nahend gesehen. Sie ist von ihrem Pferde gesprungen, und stürzt jetzt hastig herein, auf Gurnemanz zu. (Wilde Kleidung, Gürtel von Schlangenhäuten: hoch geschürzt. Schwarzes, in wilden Zöpfen herabhängendes Haar; tief braunrötliche Gesichtsfarbe: stechende schwarze Augen, zuweilen wild aufblickend, öfters wie todesstarr und unbeweglich.) „Hier, nimm du!" Sie bietet ein Fläschchen. „Balsam!" Gurnemanz: „Woher brachtest du dies?" Kundry: „Von weiter her als du denken kannst. Hilft der Balsam nicht, so birgt Arabia nichts mehr zu seinem Heil! – Jetzt frag nicht weiter; ich bin müde." Sie wirft sich auf den Boden. – Der Zug der Knappen und Ritter, die Sänfte tragend und geleitend, in welcher Anfortas ausgestreckt liegt, gelangt auf die Szene. Anfortas' Stöhnen veranlasst die Träger, die Sänfte zur kurzen Rast niederzusetzen. Anfortas fühlt sich ein wenig erleichtert: „Waldes-Morgenluft! Flüchtige Labung in der Welle des heiligen Sees – dies alles: doch keine Heilung! Dank, Gawan, deiner großen Mühe! Doch auch dein schwer gewonnenes Heilkraut linderte nicht! Zu was auch danach suchen? – Nur eines hilft, nur eines bringt Erlösung: Der Speer, der die Wunde schlug, ich habe ihn schmählich verloren; verloren sind alle, die um ihn wiederzugewinnen, in jenen Zauberbann sich wagen; keiner gewinnt ihn wieder, als den der Gral dazu erkor: Den wissenden Toren, wer fände ihn? Darum, kein Balsam mehr!" Gurnemanz: „Versuche noch diesen! Er ward aus Arabia dir hergebracht." „Wer gewann ihn?" „Da liegt es, das wilde Weib: – Kundry, komm!" Sie weigert sich. Anfortas: „Du, Kundry? Muss ich dir danken, du rastlos scheue Magd? Wohl denn! Den Balsam will ich noch versuchen: Er sei der letzte!" – Kundry (unruhig am Boden): „Danke nicht! Fort ins Bad! Ha ha! Was wird er helfen?" – Der Zug setzt sich wieder in Bewegung, und schreitet nach dem Seeufer hinab, wo er verschwindet. – Gurnemanz, schwermütig dem Zuge nachblickend, und Kundry, am Boden gelagert, sind zurückgeblieben. Knappen gehen ab und zu. – 1. Knappe: „He du da! Was liegst du dort wie ein wildes Tier?" Kundry: „Sind hier die Tiere nicht heilig?" „Ja; aber ob du heilig bist, das wissen wir noch nicht." – 2. Knappe: „Sie wird den Meister mit ihrem Zaubermittel vollends verderben." Gurnemanz: „Hm! Tat sie euch je schon Schaden? – Wenn Alles ratlos ist, wie in fernste Länder kämpfenden Brüdern Kunde zu senden, und ihr kaum wisset, wohin? Wer, ehe ihr euch nur noch besinnt, stürmt und fliegt da hin und her, besorgt mit Glück und Treue jede Botschaft? Ha! Wahre Wunder vollbringt sie, und fordert niemals Dank! Ihr gewahret sie nie, ihr nährt sie nicht, nichts hat sie mit euch gemein: Und doch ist sie flugs zur Hand, wenn es Gefahr und Hilfe gilt. Ich lobe mir solchen Schaden!" Knappen: „Aber sie hasset uns: Sieh nur, wie sie dort hämisch nach uns blickt! 's ist eine Heidin, ein Zauberweib." Gurnemanz: „Ja, eine Verwünschte mag sie sein; vielleicht dass sie im jetzigen Leben schwere Schuld zu büßen hat. Büßt sie nun durch gute Dienste, die sie uns erweist – ei! so tut sie gut, hilft sich und uns!" – Knappen: „Doch hat sie durch ihre Schuld uns gewiss auch schon manche Not gebracht!" Gurnemanz: „Ja, wann sie oft lange ganz von uns verschwunden war, dann brach wohl oft Not herein. – Ich kenne sie lange. Wie Titurel hier die Gralsburg weihte, fand er sie schon im Waldgestrüpp, erstarrt, wie im Tode schlafend. So fand ich selbst letztlich sie wieder, als das Unheil kaum geschehen, das jener Böse überm Berge uns gebracht. – He! Du! Sag, wo warst du damals, als unser Herr den Speer verlor?" – Kundry schweigt. „Warum halfst du uns damals nicht?" – Kundry: „Ich helfe nie!" – 2. Knappe: „Ha, sie sagt's." 1. Knappe: „Ist sie so treu und kühn, so sende sie doch aus nach dem verlorenen Speer." Gurnemanz: „Ja, das ist ein Anderes!" (düster) „und jedem ist's verboten. – Oh, wundenwundervoller, heil'ger Speer: Ich sah dich schwingen von unheiliger Hand!" (in Erinnerung sich verlierend) „Mit ihm hoffte Anfortas, allzu kühn, Klingsors Macht zu zerstören; so zog er aus: In eine Grotte lockte ihn der Böse; da umschlang ihn ein furchtbar schönes Weib – den heil'gen Speer ließ er sich entsinken. Da hör' ich außen einen Todesschrei; ich stürme ein; mit Lachen floh da Klingsor; den Speer hatte er entwandt, und nur Anfortas konnt' ich glücklich noch entführen; doch eine Wunde brannte ihm in der Seite; die Wunde ist es, die sich nie mehr schließen will." – 1. Knappe: „So kanntest du Klingsor?" – 3. Knappe ist vom See hergekommen. Gurnemanz wendet sich zu ihm: „Wie ist's dem König?" 3. Knappe: „Ihn erfrischt das Bad: Der Balsam lindert die Schmerzen." Gurnemanz: „Doch – die Wunde schließt er nicht." – 1. Knappe: „Doch sag, Väterchen, du kanntest Klingsor?" – Gurnemanz: „Titurel, der heilige Held, der kannt' ihn wohl; denn ihm, dem Frommen, neigten sich in heiliger Nacht die Boten des Heilands; den Gral, daraus der göttliche letzten Abschied trank, der sein heiliges Blut auffing, den Speer, der seiner Seite es entschlug, diese höchsten Wundergaben empfing da der Held in seine Pflege; er baute ihnen das Heiligtum, dass dort, dahin kein Frevler dringe, die reinsten Männer ihn hüten, stark durch der hehrsten Güter Huld zu jeglicher frommen Tat, nie ersterbend, solange den Gral sie ersehen und seiner heiligen Erquickung teilhaftig werden. Hier baute er seine Burg: Die ist entrückt in heilig wilder Einsamkeit; nur wen der Gral zu seinem Dienst beruft, darf ihn auffinden. Klingsor berief er aber nicht, so sehr dieser darnach auch begehrte. Dort unten, am Gebirge, hatte der als Büßer großer Schulden eingesiedelt: Darüber hinaus liegt glücklich üppiges Land der Heiden: Was er dort verbrochen, weiß ich nicht; doch wollt' er heilig werden, und um der Sünde Trieb in sich zu töten, verstümmelte sich der Wütende. Dies gab ihm böse Zauberkraft, die er nun zum Verderben übt, da Titurel ihn voll Verachtung von sich stieß; seine Einöde schuf er sich zu einem wonnereichen Lustgarten; ein Zauberschloss erfand er sich, darin er Rache brütet, die Reinen des Grales zu verderben, da er sie anlockte durch verwünschte holde Frauen; wer in ihren Schlingen sich fing, entrann dem Zauber nie wieder. Schon viele verdarb er uns: Der alte Held verbot darob den Rittern, Klingsor je zu trotzen; doch Anfortas, der nun König ward, da des Vaters Kraft im höchsten Alter sich brach, er getraute es sich, den Zauber zu bekämpfen. Ihr wisst, wie's ihm geschah! Nun gewann der Böse auch den Speer, mit dem er jeden Heiligen verwunden kann, solange die mindeste Unreinheit noch an ihm haftet; seine Reine verlor da Anfortas in brünstiger Gefahr; die Wunde brennt ihn nun, die nur der Speer ihm wieder heilt; wer möchte den nun zurück gewinnen, da selbst Anfortas ihn verlor?" – Kundry hat sich in wütender Unruhe oft umgewendet. Knappen: „Doch weissagte der Gral?" Gurnemanz: „In heißem Gebete lagen wir vor dem verwaisten Heiligtum: Da leuchtete es hell, und ein seliger Schimmer erglänzte von ihm aus, darin las Anfortas deutlich, weil er hoch erleuchtet ward, den Spruch: „Mitleidvoll leidend ein wissender Tor soll durch den Speer dich heilen." – Alle sind in tiefster Ergriffenheit: „Wer ist er? Wer erkennt ihn, wenn er kommt?" – Geschrei vom See her: „Weh! Weh! – Hoho! Auf! Wer ist der Frevler?" Ein wilder Schwan flattert matten Fluges vom See daher; er ist verwundet, erhält sich mühsam und sinkt endlich verblutend zu Boden. Knappen folgen ihm in wilder Aufregung. Gurnemanz: „Was gibt's?" Ein Knappe: „Der Schwan kreiste über dem See, Anfortas grüßte ihn als gutes Zeichen: Da flog ein Pfeil und verwundete ihn." – Parzival wird herbeigebracht. „Der war's. Seht den Bogen, dies der Pfeil, den seinen gleich." Gurnemanz: „Bist du's, der den Schwan erlegte?" Parzival: „Gewiss; jeden Vogel treff ich im Flug!" Gurnemanz: „Du tatest es? Und bangte es dich nicht vor der Tat?" Knappen: „Straft den Frevler!" Gurnemanz: „Du betratest den heiligen Wald, sein Frieden umrauschte dich, und hier konntest du morden? Nahten dir des Waldes Tiere nicht zahm, friedlich und fromm? Was sangen dir die Vöglein auf den Ästen? Was tat dir der treue Schwan? Er flog auf, sein Weibchen zu su-chen, mit ihm über dem See zu kreisen, herrlich ihn weihend zum heilenden Bade? Das lockte dich nur, deine kindische Kunst an ihm zu üben? Was kann er dir nun sein? Sieh, hier trafst du ihn; da starrt noch das Blut, matt hängen ihm die Flügel und der schlanke Hals, das Schnee-Gefieder dunkel befleckt, die Augen gebrochen! – Blick her! Wirst du der Sünde inne?" – Parzival hat ihm mit wachsender Ergriffenheit zugehört: Er zerbricht seinen Bogen und schleudert die Pfeile von sich. Gurnemanz: „Sag, Knabe: Erkennst du deine große Schuld?" Parzival bricht in Tränen aus. Gurnemanz: „Wie konntest du sie begehen?" Parzival: „Ich wusste sie nicht." Gurnemanz: „Wo bist du her?" „Das weiß ich nicht." „Wer ist dein Vater?" „Das weiß ich nicht." „Wer sandte dich dieses Weges?" „Ich weiß nicht." „Wie ist dein Name?" „Den weiß ich nicht." Gurnemanz: „Das weißt du alles nicht? – So dumm wie den erfand ich bisher nur Kundry." (zu den Knappen) „Geht, seht nach dem König; helft ihm aus dem Bade!" Die Knappen nehmen den toten Schwan mitleidig auf und tragen ihn fort. – Gurnemanz: „Nun sag! was ich dich frage, weißt du alles nicht; jetzt melde was du weißt, denn etwas musst du doch wissen?" – Parzival: „Ich hab' eine Mutter, die heißt Schmerzeleide: Im Wald und auf wilder Aue waren wir heim." – „Wer gab dir den Bogen?" – „Den schuf ich mir selbst, die wilden Adler zu verscheuchen." – „Doch scheinst du mir adelig und hoch geboren: Warum ließ dich die Mutter nicht gute Waffen lehren?" – Parzival schweigt. Kundry, welche, in der Waldecke gelagert, von Anfang an den Blick starr auf Parzival geheftet hat, ruft mit rauer Hast hinein: „Sein Vater Gamuret ward noch vor des Sohnes Geburt im Kampfe erschlagen: Um den Sohn vor gleichem frühem Heldentode zu bewahren, erzog sie ihn abseits waffenlos zum Toren. Die Törin!" (Sie lacht)

Parzival hat jäh zugehört. „Ja, und eines Tages kamen glänzende Männer, auf schönen Tieren sitzend, am Waldessaume vorbei! mit denen wollte ich gehen, um ihnen gleich zu werden. Sie lachten und eilten davon; ich aber folgte ihnen nach, doch konnt' ich die Schnellen nicht mehr erreichen. Da kam ich durch Wildnisse; es ward oft Nacht und wieder Tag; mein Bogen musste mir dienen: Ich erlegte Wild und große Männer." – Kundry: (eifrig) „Ja, Schacher traf er mit großer Kühnheit, die ihm den Weg vertraten: Ich sah sie fallen: Gefürchtet weithin ist des Knaben Kraft." Parzival: „Wer fürchtet mich?" Kundry: „Die Bösen." Parzival: „Die mich bedrohten, waren die bös'?" Gurnemanz (lacht). Parzival: „Wer ist gut?" Gurnemanz: „Deine Mutter, der du entlaufen, und die um dich sich nun grämt." Kundry: „Ihr Gram ist fort; sie ist tot." Parzival: „Tot? Meine Mutter? Wer sagt das?" Kundry: „Ich sah sie sterben, da ich vorbei ihr ritt: Sie ließ dich grüßen." Parzival springt wütend auf Kundry zu und packt sie bei der Kehle. Gurnemanz hält ihn zurück. „Verrückter Knabe! Willst du wieder Unrecht tun? Was tat dir dies Weib? Kundry sagte wahr, denn sie lügt nie und sah viel." Parzival, nachdem Gurnemanz Kundry befreit, steht wie erstarrt; dann gerät er in ein heftiges Zittern. „Ich verschmachte." Er droht umzusinken; Gurnemanz fasst ihn in seine Arme. Kundry ist hastig nach einem Brunnen gesprungen, bringt Wasser in einem Horn, besprengt Parzival zunächst damit und reicht es ihm zum Trinken. Gurnemanz: „So tust du recht, und so ist's nach des Grales Gnade: Das

Böse vernichtet, wer es mit Gutem vergilt." Kundry (traurig sich abwendend): „Nie tu' ich Gutes, aber ich will Ruhe." Während Gurnemanz sich väterlich um Parzival bemüht, und dieser allmählich wieder zu sich kommt, schleppt Kundry, von ihnen unbeachtet, sich einem Waldgebüsche zu: „Ach, ich bin müde. Lasst mich schlafen! Oh, dass mich keiner wecke!" (Schrei) „Nein! Nicht schlafen! – Grauen fasst mich! – doch – ich muss – muss!" Sie sinkt hinter dem Gebüsch zusammen, und bleibt von jetzt an unbemerkt. – Vom See her vernimmt man Bewegung und gewahrt im Hintergrunde den heimwärts sich wendenden Zug der Ritter und Knappen mit der Sänfte. – Gurnemanz, zu Parzival, welcher, mit dem Arm seinen Nacken umschlingend, von ihm sich sanft geleiten lässt: „Die Sonne steht hoch; der König kehrt vom Bade zurück; nun lass dich zum Mahle geleiten." Parzival: „Wer nährt mich, da ich den Bogen zerbrach?" – Gurnemanz: „Der Gral; der wird dich speisen und tränken, wenn du fromm und rein bist." – „Wer ist der Gral?" „Das lässt sich nicht sagen; doch, bist du zu ihm berufen, so gibt er sich selber dir kund. – Und sieh, mich dünkt, dass ich dich recht erkannt: Kein Weg führt zu dem Gral, und niemand könnte ihn beschreiten, zu dem er selbst des Weges nicht kommt." Parzival: „Ich schreite wenig, doch schon bin ich weit: Wo sind wir?" – Allmählich, während jene zu schreiten scheinen, hat die Szene begonnen, von links nach rechts hin, unmerklich sich zu verwandeln: So verschwindet der Wald, in Felsenwänden öffnet sich ein Tor, welches die beiden einschließt; dann wieder werden sie in aufsteigenden Gängen sichtbar, welche sie zu durchschreiten scheinen. – Lang gehaltene Posaunentöne schwellen an: näher kommendes Glockengeläute; in größerer Ferne ein melodisches Spiel von Kristallglocken. Endlich sind sie in einem mächtigen Saale angelangt, welcher nach oben sich in eine hochgewölbte Kuppel, durch die einzig das

Licht hereindringt, verliert. Von der Höhe über der Kuppel her vernimmt man wachsendes Geläute. Parzival steht wie verzaubert. Gurnemanz: „Nun achte wohl! Bist du ein Tor, jetzt lass mich sehen, ob du auch wissend bist." – Man hört einen feierlichen Gesang von tiefen Männerstimmen sich nähern, mit welchem die Ritter durch eine der im Grunde sich öffnenden beiden Türen langsam herein schreiten, und nach und nach an zwei gedeckten Tafeln sich reihen, welche so gestellt sind, dass sie, von hinten nach vorn parallel laufend, die Mitte freilassen; nur Becher und Teller, keine Gerichte stehen darauf.

Gesang der Gralsritter
Tiefe Stimmen der Ritter: „Zum letzten Liebesmahle täglich seid gerüstet: Wer guter Tat sich freut soll höchste Labung nun empfahn."
Jüngere Männerstimmen (aus der mittleren Höhe des Saales): „Der sündigen Welt floss sein Blut und opferte sich sein Leib: So sollen willig ihm wir Blut und Leib nun weihen!"
Knabenstimmen (in der Höhe der Kuppel): „Der Glaube wacht, die Taube schwebt hernieder: Euch fließe wieder Wein und starkes süßes Brot."
Während dem wird durch die andere Türe von Knappen und dienenden Brüdern auf der Sänfte Anfortas hereingetragen: Vor ihm schreiten Knaben, welche einen, mit einer purpurroten Decke überhängten Schrein tragen. Dieser Zug begibt sich nach der Mitte des Hintergrundes, wo, von einem Baldachin überdeckt, ein erhöhetes Ruhebett aufgerichtet ist, auf welchem Anfortas von der Sänfte herab niedergelassen wird: Hiervor steht ein altarähnlicher länglicher Marmortisch, auf welchem der verhängte Schrein von den Knaben hingestellt wird. – Als der Gesang beendet ist, und alle Ritter an den Tafeln ihren Sitz eingenommen haben, tritt längeres Schweigen ein. Vom tiefsten Hintergrunde her

vernimmt man, aus einer gewölbten Nische hinter dem Ruhbette des Anfortas, wie aus einem Grabe die Stimme des alten Titurel. „Mein Sohn Anfortas, bist du am Amt?" – Schweigen. – "Soll ich den Gral heute noch sehen und leben?" – Schweigen. – „Muss ich sterben, ohne den Retter zu begrüßen?" Anfortas: „Wehe! Wehe mir der Qual! Noch einmal, Vater: Verrichte du das Amt, leb und lass mich sterben!" – Titurel: „Im Grabe leb' ich durch des Heilands Huld; zu schwach doch bin ich, ihm zu dienen. Du, büße deine Schuld im Dienste! Enthüllet den Gral!" – Anfortas, den Knaben wehrend: „Nein! Lasst ihn unenthüllt! O, könntet ihr die Schmerzen fühlen, die sein heiliger Anblick mir erweckt! Was ist die Wunde, die mich quält, gegen die Qual, mich als den Unwürdigsten zu wissen, der dieses Amt verrichte? Ich, einzig erlesen zur Pflege des göttlichsten Erbteiles, den heiligen Zauber zu üben, der seine Ritterschaft erquickt, sie zu Welt erlösenden Taten stärkt und befeuert: Ich, der einzige Sünder unter allen soll euch den gnadenvollen Segen durch mein Gebet erflehen und spenden? Oh furchtbarste Strafe des gekränkten Gnadenreichen! Dass ich nun täglich selbst die tiefe Sehnsucht nach dem Weihegruße des Erlösers fühle! Nicht kann ich dann ertragen, dass er so selig mich erquickt, und doch einzig muss ich nach ihm verlangen! Es naht die Stunde: Der Lichtstrahl senkt sich auf das Werk: Ich muss ihn enthüllen, den goldenen Purpur muss sich neu in Glut und Glanz sich entzünden sehen, der überhuldvolle Quell des heiligsten Blutes muss sich in mein Herz ergießen, mein eigenes frevelhaftes Blut muss vor der göttlichen Berührung sich flüchten, das sündenvolle drängt in wahnsinniger Scheu sich aus dem Herzen, sprengt von Neuem die Wunde auf, um wild sich in die Welt der Sünde zu ergießen; – doch, durch dieselbe Wunde, die derselbe Speer schlug, der einst auch den Erlöser am Kreuze stach, die Wunde, durch die der jammervoll sündigen Menschheit das Blut des himmlischen Mitleides floss, und aus der nun mir, dem frevelnden Hüter des göttlichen Erlösungsbalsams, das heiße Sündenblut unversiegbar entströmt, ewig erneuert aus dem Quelle des ungebüßten sündigen Verlangens! – Erbarmen, Allerbarmer! Ach, Erbarmen! Schließe die Wunde, sende mir deinen Engel [darüber geschrieben: Boten] der Erlösung!" Er sinkt wie bewusstlos zurück. – Knabenstimmen aus der Kuppel: „Vertraue dem Speer, wenn, mitleidvoll leidend, ein wissender Tor ihn wiedergewann!" – Die Ritter (leise): „So ward es dir verkündet: Harre des Erlösers; walte des Amtes!" – Titurels Stimme: „Enthüllet den Gral!" – Anfortas hat sich schweigend wieder erhoben. Die Knaben entkleiden den goldenen Schrein, entnehmen ihm den Gral, eine antike Kristallschale, von welcher sie ebenfalls eine Verhüllung abnehmen, und setzen sie vor Anfortas hin. Titurels Stimme: „Der Segen!" – Während Anfortas in stummem Gebete andachtsvoll sich zum Kelche neigt, verbreitet sich eine immer dichtere Dämmerung im Saale: Stimmen aus der Kuppel: „Nehmet hin mein Blut! Nehmet hin meinen Leib!" – Ein blendender Lichtstrahl dringt auf die Schale herab: Diese erglüht immer stärker in leuchtendem Purpur. Anfortas, mit verklärter Miene, erhebt den Gral hoch und schwenkt ihn sanft nach allen Seiten hin. Alles ist bereits beim Eintritt der Dämmerung auf die Knie gesunken, und erhebt jetzt die Blicke andächtig zum Grale. Titurels Stimme: „Oh, heilige Wonne! Wie grüßt uns der Heiland heute so hell!" – Anfortas setzt den Gral wieder nieder, welcher nun, während die tiefe Dämmerung wieder entweicht, immer mehr erbleicht: Hierauf schließen die Knaben das Gefäß wieder in den Schrein, und bedecken diesen. Mit dem Wiedereintritte der vorigen Tageshelligkeit sind auf den Tafeln die Becher, jetzt mit Wein, die Teller mit Brot versehen, wieder deutlich geworden. Alles lässt sich zum Mahle nieder, auch Gurnemanz, welcher einen Platz für Parzival neben sich leer hält, und diesen durch einen Blick zur Teilnahme am Mahl einlädt: Parzival bleibt aber starr und stumm, wie gänzlich entrückt zur Seite stehen. – Wechselgesang der Ritter beim Mahle. Knaben (in der Höhe): „Wein und Brot des letzten Mahles wandelte in Mitleids Milde der Erlöser in sein Blut, das er vergoss, in seinen Leib, den er opferte." – Jünglinge (mittlere Höhe): „Blut und Leib des Opfertodes wandelt euch zu heil'ger Labung der Erlöser heut in Wein, den ihr trinkt, in Brot, das ihr esset." – Die Männer (beim Mahle): „Nehmet vom Brot, und wandelt es zu kräftigem Leibe, des Erlösers Werk zu wirken!" „Nehmet vom Wein, und wandelt es zu feurigem Blut, zu kämpfen für ihn mit seligem Mut!" Alle: „Selig im Glauben, selig in Liebe!" – Sie reichen sich die Hände und erheben sich feierlich. – Während des Mahles, an welchem er nicht teilnahm, ist Anfortas aus seiner begeisterungsvollen Erhebung allmählich wieder zurückgesunken: Er neigt das Haupt und hält die Hände auf die Wunde; die Knaben nahen sich ihm; ihre Bewegungen deuten auf erneuetes Bluten der Wunde; sie pflegen Anfortas, geleiten ihn wieder auf die Sänfte, und, während alle sich zum Aufbruche rüsten, tragen sie, in der Ordnung wie sie kamen, Anfortas wieder von dannen; die Ritter und Knappen schließen sich wieder zur Prozession und verlassen ebenso langsam den Saal, aus welchem die vorherige Tageshelle gewichen ist. Die Glocken haben wiederum geläutet. Parzival hat, bei dem vorangegangenen stärksten Klagerufe des Anfortas, eine heftige Bewegung nach dem Herzen gemacht; jetzt steht er noch wie erstarrt, regungslos da. Als die Letzten den Saal verlassen, tritt Gurnemanz missmutig an ihn heran und rüttelt ihn: „Was stehst du noch da? Weißt du, was du sahst?" Parzival schüttelt ein wenig mit dem Kopfe. Gurnemanz: „Du bist doch eben nur ein Tor und dummer als ein Gänser." Er öffnet eine Seitentüre: „Dort hinaus, geh deines Weges zum wilden Vieh!" – Er stößt Parzival hinaus und schlägt, ärgerlich brummend, die Türe hinter ihm zu. Während er den Rittern folgt, fällt der Vorhang.

Zweiter Aufzug

Klingsors Zauberburg. Im inneren Verließ eines, nach oben offenen Turmes; Steinstufen führen nach dem Zinnenrande der Turmmauer. Finsternis in der Tiefe. – Zauberapparate. Klingsor, vor einem Metallspiegel sitzend. „Die Zeit ist da: Schon lockt den kindischen Toren mein Zauberschloss; dort, noch fern, seh' ich ihn jauchzend meinem Umkreis nahen. Im Todesschlafe hält der Fluch sie fest: Den Krampf weiß ich zu lösen. Auf, ans Werk!" Er steigt etwas tiefer und entzündet dort Räucherwerk, welches alsbald einen Teil des Hintergrundes mit einem bläulichen Dampfe erfüllt; er setzt sich wieder an die vorige Stelle und ruft, mit geheimnisvollen Gebärden, nach dem Abgrunde: „Hierher! Herauf! Zu mir! Dein Meister ruft dich Namenlose, Urteufelin! Herodias warst du und was noch? Sie nennen dich Kundry! Kundry denn! Hierher, hierher! Zu deinem Meister!" – In dem bläulichen Lichte steigt Kundrys Gestalt auf. Man hört sie einen grässlichen Schrei ausstoßen, wie eine aus tiefem Schlafe Aufgescheuchte. Klingsor: „Ha! Erwachst du mir? Zur guten Zeit verfielest du wieder meinem Banne." Kundrys Gestalt lässt ein Klagegeheul, von großer Heftigkeit bis zum langen Wimmern sich abstufend, vernehmen. Klingsor: „Wo triebst du dich wieder umher? Pfui! Dort, wo du wie ein Vieh gehalten wirst. Gefällt es dir bei mir nicht besser? Als du mir ihren Meister gefangen, haha! den reinen Gralshüter, was jagte dich da wieder fort?" Kundry, rau und abgebrochen, wie im Versuche wieder Sprache zu gewinnen: „Ach! Ach! Tiefe Nacht!

Wahnsinn! O Wut! O Jammer! Schlaf! Schlaf. Tiefer Schlaf: Tod!" – Klingsor: „Da weckte dich ein andrer?" – Kundry: „Ja! – Mein Fluch! – Sehnsucht –!" – Klingsor: „Ha! Dort bei den keuschen Rittern?" Kundry: „Da – dient' ich." Klingsor: „Ja ja! den Schaden zu vergüten, den du ihnen angerichtet. Sie helfen dir doch nicht; sie sind alle elend, und den Speer halte ich, mit dem ich den Reinsten träfe, wär' der kleinste Fehl an ihm; ha! und für den Fehl sorgst du? Heute gilt es den Gefährlichsten zu bestehen." Kundry: „Ich – will nicht! – Oh! Oh!" Klingsor: „Wohl willst du, denn du musst." Kundry: „Du – kannst mich – nicht halten." Klingsor: „Aber dich fassen." – Kundry: „Du?" „Dein Meister!" „Aus welcher Macht?" – Klingsor: „Ha! Weil du einzig mir nicht schaden kannst." – Kundry: „Ha Ha! – bist du keusch?" Klingsor: (wütend) „Was fragst du das, verfluchtes Weib?" – (Er sinkt in finsteres Brüten.) „Furchtbare Not! So lacht der Teufel meiner, dass ich einst nach dem Heiligen strebte! – Furchtbare Not, ungebändigten Sehnens Qual! Gegen mich wütete ich und gab mich nun dem Hohne Preis! – Hüte dich, Teufelin. Schon einer büßte es, mich verhöhnt und verachtet zu haben. Der Stolze stieß mich von sich, in Heiligkeit sich blähend. Seinen Stamm vernichte ich nun; unerlöst soll der Gralshüter schmachten; bald, denk' ich, fällt selbst das Heiligtum nun ganz an mich! Haha! Gefiel dir der Held Anfortas, den ich in deine Arme dir führte?" – Kundry: „Oh! Jammer, Jammer! Schwach sind sie alle! Schwach auch er! Sie alle müssen mir verfallen! O, ewiger Schlaf, wie dich gewinnen?" Klingsor: „Ha, wer dir trotzt, der löste dich frei: – Versuch's mit dem Knaben, der dort naht." Kundry: „Ich will nicht!" Klingsor: „Jetzt erklimmt er schon die Burg." Kundry: „Oh! Weh! Weh! Erwachte ich darum? – Muss ich?" Klingsor (ist auf die Mauer gesprungen): „Ha! Er ist schön, der Knabe!" – Kundry: „Oh! Oh! Wehe mir!" Klingsor (stößt nach außen zu, von der Mauer her, in ein Horn): „Ho! Ho! Ihr Wächter! Ritter! Helden! Feinde nah." Außen wachsender Lärm. Waffengeräusch. Klingsor: „Hei! Wie sie zu der Mauer stürmen, die betörten Eigenholde, ihre schönen Teufelinnen zu beschützen! So! Mutig! Mutig! – Ha ha! Der fürchtet sich nicht; Held Ferris entwandt er die Waffe, die führt er nun freilich gegen den Schwarm! – Wie übel den Tölpeln die Eifersucht bekommt!" Kundry lacht mit unheimlicher Lust. Klingsor: „Dem schlug er den Arm – jenem den Schenkel! Ha ha! Sie weichen, sie fliehen; jeder trägt seine Wunde heim. Ich gönn' es euch; möge so die ganze Ritterschaft sich unter sich abwürgen." – Kundry gerät in immer ekstatischeres Lachen, welches endlich in ein krampfhaftes Wehegeschrei übergeht. Während Klingsor fortfährt in der Schilderung, verschwindet Kundry plötzlich: Das bläuliche Licht ist erloschen; volle Finsternis in der Tiefe. Klingsor: „Hei! wie stolz er nun auf der Zinne steht, der rosige Knabe, und kindisch erstaunt in den einsamen Garten blickt. – He! Kundry! – ha! sie machte sich schon ans Werk! – Ha Ha! Den Zauber kannte ich, der dich mir immer wieder dienstbar macht! – Du dort, kindischer Spross! Zu was du auch berufen sein konntest: Zu jung und dumm fielst du in meine Macht. Hier wirst du lieblich enden, ewiger Hüter des Grals!" – Er versinkt langsam mit dem ganzen Turme; zugleich steigt der Zaubergarten auf und erfüllt die Bühne ganz: tropische Vegetation, üppigste Blumenpracht; nach dem Hintergrunde der Garten abgegrenzt durch die Zinne der Schlossmauer, an welche sich seitwärts Vorsprünge des Schlossbaues (arabischen Stiles mit Terrassen) anlehnen. Auf der Mauer steht Parzival, staunend in den Garten hinabblickend. Von allen Seiten, aus dem Garten wie aus dem Palast, stürzen einzeln, dann immer mehrere, wirr durcheinander schöne Mädchen herzu: Sie sind in wilder, flüchtig übergeworfener Kleidung, wie soeben aus dem

Schlaf aufgeschreckt! Die vom Garten her: „Hier war das Tosen! Waffen! Rufe!" Die aus dem Schlosse: „Wehe! Rache! Wo ist der Frevler? – Mein Geliebter verwundet!" „Wo ist der meine?" „Ich erwachte allein! Wohin floh er?" „Drinnen im Saale! Sie bluten!" „Wehe! Wer ist er?" „Da steht er! Seht!" „Er hat meines Ritters Schwert." „Wir sahen es: Er stürmte die Burg. Mein Held lief herzu." „Des Meisters Horn toste." „Sie alle kamen, doch jeden empfing er mit Wunden!" „Der Kühne! Der Feindliche!" „Sie flohen alle." „Du dort, was schufst du solche Not?" „Verwünscht sollst du sein!" (Parzival springt etwas tiefer in den Garten herab.) „Ha! Kühner, wagst du zu trotzen?" „Wo ist mein Geliebter? – Warum schlugst du meinen Freund?" Parzival (in höchster Verwunderung): „Ihr schönen Kinder, musst' ich sie nicht schlagen? Zu euch Holden ja wehrten sie mir den Weg?" Mädchen: „Wolltest du zu uns?" „Sahst du uns schon?" – Parzival: „Noch nie sah ich solch zierliches Geschlecht! Gewiss seid ihr schön?" – Die Mädchen gehen von Verwunderung zu Heiterkeit über: „Willst du uns auch schlagen?" „Böser Knabe, was schufest du uns für Schaden!" „Wer soll nun mit uns spielen?" Parzival: „Das will ich gern!" (Sie lachen.) „Er ist hold." „Willst du uns trösten?" „Wir nehmen dich an." „Aber schlage uns nicht, sonst tötest du uns gleich!" „Nur Liebe können wir vertragen." Einzelne sind in die Lauben getreten, und kommen, ganz wie in Blumengewändern, selbst Blumen erscheinend, zurück. „Lasset den Knaben, er gehört mir!" „Ah, die Falschen, sie schmückten sich!" Sie eilen ebenfalls ab, um als Blumen geschmückt zurückzukommen. „Komm, komm, holder Knabe! Sieh mich dir blühen!" Andere ebenso. Parzival (ruhig in der Mitte stehend, lässt sich wie von einem Kinderspiele umgaukeln. Sie drehen sich sanft um ihn, streicheln ihm Wange und Kinn.) Parzival: „Wie duftet ihr hold! Seid ihr denn Blumen?" Mädchen: „Hier im

Garten pflückt uns der Meister: Wir blühen im Sommer, dann welken und sterben wir. Sei uns hold, solange wir dir blühen!" „Nimm mich an deinen Busen!" „Lass die Stirn mich dir kühlen!" „Deinen Mund lass mich küssen!" „Nein, mich! Bin ich die Schönste nicht?" „Mich drücke an deine Wange!" „Ich dufte süßer!" (Sie streiten sich immer heftiger, jedoch nur mit kindisch anmutiger Zudringlichkeit.) Parzival hat lächelnd still gehalten: Alle dringen jetzt ungeduldiger an ihn heran. Parzival wehrt sie halb unwillig ab. „Ihr wilden Kinder, lasset das Drängen, soll ich mit euch spielen." Mädchen: „Was zankst du?" Parzival: „Weil ihr streitet." – „Weich du, er will mich!" „Nein mich!" „So nimm ihn, den Toren!" „Bist du feige vor Frauen?" „Ich lass' ihn!" „Du, flieh ihn!" Parzival: „Lasst ab! Ihr fang mich nicht!" (Er scheucht sie, halb ärgerlich, von sich ab, und will sich flüchten.) Kundrys Stimme lässt sich da aus einem Blumenhage zur Seite vernehmen: „Bleib, Parzival!" Parzival, anhaltend: „Wer ruft mir den Namen, den ich noch nie vernommen?" – Kundrys Stimme: „Hier weile, Parzival! Ein großes Glück ist dir beschieden." Parzival: „So nannte mich im Traum einst meine Mutter!" Kundry: „Ihr kindischen Buhlen, weichet von ihm! Tröstet eure Helden, die trauernd eurer Pflege harren; den Jüngling lasset, er ist euch welkenden Blumen nicht zum Spiele bestimmt." Die Mädchen erschrecken, und haben schüchtern eingehalten; sie entfernen sich zaghaft und widerstrebend von Parzival. „Dich zu meiden." „Dich zu verlassen!" „Gern ließen wir die Gatten für dich!" „Leb wohl!" „Leb wohl!" „Du Holder!" „Du Tor!" – Sie haben sich, zögernd, allmählich nach dem Schlosse zu entfernt.

Parzival: „Das alles hab' ich nun – geträumt?" Er blickt sich schüchtern nach der Seite hin, woher die Stimme drang, um. Da gewahrt er, in einer Grotte, auf einem Blumenlager ein jugendliches Weib von höchster

Schönheit, Kundry, in durchaus verwandelter Gestalt, in phantastisch leicht verhüllender Kleidung. Parzival (noch fern stehend, in höchster Verwunderung): „Riefest du mich Namenlosen?" Kundry: „Dich nannt' ich, töriger Reiner! Wusstest du nicht dass ich seit lang hier dich erwarte? Was führte dich hierher, wenn nicht der Wunsch mich aufzufinden?" Parzival nähert sich zögernd der Grotte; in seinen Mienen und seiner Haltung drückt sich eine feierliche Bangigkeit aus. „Nie sah ich, noch träumte mir, was jetzt ich schaue und mit Bangen mich erfüllt. Entblühtest du, gleich jenen, diesem Blumenhaine?" Kundry: „Nein, Parzival, du tör'ger Reiner! Hier weil' ich nur, dass du mich fändest, und meine Heimat ist weit, weit! Das Kind sah ich, an seiner Mutter Brust; sein erstes Lallen lacht mir noch im Ohr; das Leid im Herzen, wie lachte da auch Herzeleide, als sie des Knaben Jauchzen vernahm. Sie breitete ihm weiches Moos zum Lager, und lächelte ihn in den Schlaf, dann wachte weinend über seinen Schlummer sie, bis ihrer Tränen Tau den Holden weckte. Oh, wie sie dich barg, die bange Mutter! Des Vaters, ihres Gamuret Not, solltest du nie erfahren: Still und vergessen wahrte sie dich im Walde. Hörtest du nicht ihre Klagen, wenn du Wilder des Abends ihr noch ferne bliebest? Ha, und wie sie lachte, wenn du dann heim kämest und dir die Lippen wütend sie koste! Doch ihr Wehe vernahmst du nicht, als du von ihr gewichen, böser, böser Knabe! Nächte und Tage harrte sie in Sehnsucht: Du kamst nicht wieder; da fasste sie Todesgram, ihr zerriss das Leid das Herz: Und Herzeleide starb." – Parzival (immer ernsthafter, endlich furchtbar betroffen) sinkt mit einem Ausruf weinend zu Kundrys Füßen nieder: „Weh! Weh! Was tat ich? Wo war ich? Mutter, süße holde Mutter! Musst' ich dich töten? Ich blöder, böser Tor! Wo irrt' ich hin, dich vergessend, teure, einzig traute Mutter!" (Er schluchzt.) Kundry (immer noch in ausgestreckt liegender Stellung) beugt sich über Parzivals Haupt, fasst sanft seine Stirn und schlingt traulich ihren Arm um seinen Nacken. „Nicht dir Schmerz zu geben, Trost dir zu spenden bin ich hier." Parzival: „Die Mutter, die Mutter könnt' ich vergessen! Ha, was vergaß ich alles nicht? Und dumpfe Torheit lebte nur in mir!" Kundry: „Die Torheit endet mit der Kenntnis: lerne die Liebe kennen, die dir das Leben gab! Ja, deinen Vater liebte Herzeleide; der Mutter letzter Hauch segnete so den ersten Kuss der Liebe!" Sie hat ihr Haupt über das seinige geneigt, und heftet nun ihre Lippen zu einem langen Kusse auf seinen Mund. Parzival fährt plötzlich mit einer Gebärde des höchsten Schreckens auf: Seine Haltung drückt eine furchtbare Veränderung aus; er stemmt seine Hände gewaltsam gegen das Herz, wie um einen zerreißenden Schmerz zu bewältigen: „Anfortas! Die Wunde! Die Wunde! Sie brennt in meinem Herzen. Klage! Klage! Furchtbare Klage, aus meinem tiefsten Innern schreiet sie auf! Oh! Oh! Elender, Jammervollster! Die Wunde sah ich bluten – nun blutet sie mir selbst. Hier! Hier!" – Kundry starrt in Schrecken und Verwunderung auf ihn hin. Parzival (entrückt): „Nein, nicht die Wunde ist's; fließe ihr Blut in Strömen dahin! Hier, hier, im Herzen der Brand! Das Sehnen, das furchtbare Sehnen, das alle Sinne fasst! Oh, Qual der Liebe! Wie alles schauert und bebt in sündigem Verlangen! Es starrt der Blick dumpf auf das Heilgefäß; das heilige Blut erglüht, göttliche Erlösungswonne durchzittert alle Seelen: Nur hier, im Herzen will die Qual nicht weichen! Des Heilands Klage nun vernehm' ich, die Klage um das verratene Heiligtum: Rette, erlöse mich aus schuld beflecken Händen – so rief die Klage furchtbar laut mir in die Seele. Und ich? Der Tor, der Feige – floh zu wilden Kindestaten! Erlöser! Heiland! Sei dem elenden Sünder gnädig!" Kundry (sucht sich ihm zu nähern; ihr Erstaunen ist in leidenschaftliche Bewunderung übergegangen): „Mein Held, oh, süßester

Freund! Blicke auf mich! In welche Fernen entträumst du dich?" Parzival (sie starr anblickend): „Ja! Diese Stimme! Ha, so rief sie ihn; und diesen Blick erkenn' ich deutlich – auch diesen, der ihm friedlos lachte; der Lippen Zucken; so neigte sich der Nacken, so hob sich kühn das Haupt; so flatterten die Locken." (Sie führt aus was er sagt) „So schlang der Arm sich um den Hals, so neigte sich die Wange!" – (er stößt sie heftig von sich) „Und solche Schmerzen schuf sie, das Heil der Seele entküsste ihm ihr Mund! – Ha, dieser Kuss! Verderberin, weich von mir! Weich ewig!" Kundry: „Grausamer! Ha! Empfindest du nur die Schmerzen anderer, so fühle nun auch die meinen! Was bannt dich, nicht meine Qual auch zu ermessen? Seit Ewigkeiten harre ich deiner, ach! des Erlösers, den einst ich stolz verschmähte. Oh, kenntest du den Fluch, der mich in das schreckenvollste Dasein bannt! Ich sah Ihn – Ihn! – und – lachte. Da traf mich sein Blick. – Nun such' ich ihn von Welt zu Welt, ihm wieder zu begegnen. Doch, in höchster Not kehrt das verfluchte Lachen mir zurück: Ein Schwacher liegt in meinen Armen! Da lach' ich, kann nicht weinen, nur schreien und wüten in stets erneutem Wahnsinn! – Du aber bist's! Du, der mir verheißen, den ich mit Todesschmachten ersehnt. Nur eine Stunde dein sein, an deinem Busen weinen, und alles, alles ist gesühnt." Parzival: „In Ewigkeit wärst du verdammt mit mir, wollt' ich in deinen Armen nur einen Augenblick meiner Sendung vergessen. Auch dir bin ich zum Heil gesandt: Der Quell, der deinen Leidendurst dir löscht, bietet dir nicht den Trank, der ewig ihn erneut. Ein Anderes ist es, nach dem die jammernden Brüder ich schmachten sehe. Das Herz voll Wunden, von Sehnsuchtsqualen zerrissen. O Schrecken! O Schrecken! Wie muss ich alles erkennen! Welch Grauen, welches Elend: verdammt sein, und nach dem Verdammnis-Quell zu schmachten!" Kundry: „Oh, so war es mein Kuss der dich welthellsichtig machte? Oh

Tor! So umfange mich denn in voller Liebe, und heute bist du wie Gott selbst; die Welt erlöse – doch mich, lass mich verdammt sein in alle Ewigkeit für diese einzige Stunde, die zum Gott dich machte!" Parzival: „Erlösung biet' ich auch dir, Frevlerin." Kundry: „Ich will keine Erlösung, ich will dich göttlichen lieben!" Parzival: „Ich will dich lieben und erlösen, zeigst du zu Anfortas mir den Weg!" Kundry (in Wut ausbrechend): „Nie sollst du ihn finden! Den Verfallenen, lass ihn verderben, den Unseligen, der mich wieder in das furchtbare Lachen zurückwarf! Ha! Ha! Ihn traf der eigne Speer!" Parzival: „Wer durfte ihn damit verwunden?" Kundry: „Ha! der, den einst ich verlachte. Gegen dich selbst ruf ich ihn auf, stillst du mein Sehnen mir nicht! Oh, eine Stunde Liebe, und zu Anfortas zeig' ich den Weg." (Sie will ihn umfangen: Er stößt sie heftig zurück.) Kundry zerschlägt sich die Brust und raset laut: „Hilfe! Hilfe! Haltet den Frechen! – Noch bin ich mächtig; und, entkämest du mir, den Weg, den du suchst, sollst du doch niemals finden: – Denn so verwünsche ich die Pfad' und Wege, die dich von mir führen! Irre! Irre! Dir weih' ich ihn! Herbei! Herbei! Wehret ihm den Weg!" Klingsor ist auf die Turmmauer herausgetreten, die Mädchen stürzen aus dem Schlosse und wollen auf Kundry zueilen. Klingsor (eine Lanze schwingend): „Halt da! Dich bann' ich mit der rechten Waffe. Erfahre, Knabe, wer deinen Meister schlug!" Er schleudert den Speer auf Parzival: Dieser fängt ihn mit seiner Hand auf; mit einer Gebärde der höchsten Entzückung, schwingt er ihn schwebend über seinem Haupte nach der Gestalt eines Kreuzes. „Mit diesem Zeichen bann' ich euch. Wie sich die Wunde schließe, die dieses Speeres Spitze stach, vergehe alles hier und in Trümmer stürze diese Pracht!" Wie durch Erdbeben versinkt das Schloss, der Garten verdorrt zur Einöde: Die Mädchen liegen als verwelkte Blumen auf dem Boden umhergestreut. Noch einmal wendet sich der enteilende

Parzival auf der Höhe eines Mauertrümmers zu der schreiend zusammengesunkenen Kundry um: „Du weißt, wo du mich wieder sehen kannst!" – Ab.

Dritter Aufzug

Freie, anmutige Frühlingsgegend mit, nach dem Hintergrunde zu sanft ansteigender, Blumenaue. Den Vordergrund nimmt der Saum des Waldes ein, der sich nach rechts zur Seite hin zieht. Im Vordergrunde, an der Waldseite, ein Quell: ihm gegenüber, etwas tiefer, eine ärmliche Einsiedlerhütte bei einem Felsen. Erster Morgen. Gurnemanz, zum hohen Greise gealtert, als Einsiedler, nur in das Hemd des Gralsritters dürftig gekleidet, tritt aus der Hütte und lauscht. „Von dorther kam das Stöhnen. So jammervoll klagt kein Wild, und heut, am heiligsten Morgen, am wenigsten. – Mich dünkt, ich kenne diesen Klageruf!" Ein dumpfes Stöhnen lässt sich vernehmen. Gurnemanz schreitet auf eine Waldhecke zu; sie ist ganz überwachsen; er reißt mit Gewalt das Gestrüpp auseinander. „Ha! Sie – wieder da! Das winterliche Dörricht deckte sie – wie lange schon? Auf, auf! Kundry! Der Winter ist zu Ende! Erwache! Lenz ist da! – Kalt und starr! Diesmal halt' ich sie für tot. Doch hörte ich ihr Stöhnen?" Er zieht Kundry, ganz erstarrt und leblos, aus dem Gebüsche hervor, trägt sie auf einen nahen Rasensitz, reibt ihr stark die Hände, haucht sie an, und bemüht sich in allem um die Erstarrung weichen zu lassen. Endlich erwacht sie (gänzlich wie im ersten Aufzug, im wilden Gewand der Gralsbotin; nur ist ihre Gesichtsfarbe bleicher, aus Miene und Haltung ist die Wildheit gewichen). Sie starrt Gurnemanz lange an. Dann erhebt sie sich, ordnet sich Kleidung und Haar und geht sofort wie eine Magd an die Bedienung. Gurnemanz: „Du tolles Weib! Hast du kein Wort für mich? Ist das der Dank, dass ich dich abermals aus dem Todesschlafe erweckt'?" Kundry nickt leise mit dem Haupte. „Dienen – dienen!" – Gurnemanz: „Da hast du wenig zu tun! Auf Botschaft wird nicht mehr gesandt, und Kräuter und Wurzeln findet sich Jeder selbst, das lernen wir vom Tier im Walde." Sie hat sich umgesehen, gewahrt die Hütte und geht hinein. Gurnemanz (ihr nachblickend): „Wie anders sie schreitet als sonst! Ist das der heilige Tag, der es wirkt? Oh, Gnadentag! Gewiss erweckte ich die Arme heut zu ihrem Heil!" – Kundry kommt wieder heraus mit einem Wasserkrug, geht damit stumm zum Quell und füllt ihn; während sie auf die Füllung wartet, bemerkt sie in der Ferne die Gestalt eines Gewappneten nahen und deutet Gurnemanz darauf hin. Gurnemanz: „Wer nahet sich dem heiligen Quell? Das ist der Brüder keiner im düstren Waffenschmucke." Kundry entfernt sich mit dem gefüllten Krug langsam nach der Hütte, wo sie sich zu schaffen macht. – Gurnemanz tritt staunend etwas beiseite, um den Ankommenden zu betrachten. – Parzival tritt aus dem Walde auf. Er ist in ganz schwarzer Waffenrüstung; mit geschlossenem Helme und gesenktem Speere schreitet er, gebeugten Hauptes, träumerisch zögernd, langsam daher, und setzt sich auf der Rasenbank am Quelle nieder. Gurnemanz betrachtet ihn lange; dann tritt er etwas näher: „Heil dir, mein Gast! Bist du verirrt? Soll ich dich weisen?" – Parzival schüttelt sanft das Haupt. Gurnemanz: „Entbietest du mir keinen Gruß?" Parzival neigt das Haupt. Gurnemanz (ärgerlich): „Ei was? Wenn dich dein Gelübde bindet mir zu schweigen, so gemahnt mich mein Gelübde dir zu sagen, was sich ziemt. Hier bist du an geweihtem Orte; da zieht man nicht mit Waffen daher, geschlossenen Helmes, Schild und Speer. Und heute gar! Weißt du denn nicht, welch heil'ger Tag heut ist?" Parzival schüttelt mit dem Kopfe. – Gurnemanz: „Ja! Woher kommst du denn? Weiltest du bei wilden Heiden, nicht zu wissen, dass heute der allerheiligste Karfreitag sei?" – Parzival senkt das Haupt noch tiefer. Gurnemanz (eifrig): „Schnell ab die Waffen! Kränke nicht den Herren, der heute, jeder Waffe sich entledigend, sein heiliges Blut für die sündige Welt darbot." – Parzival (nach einer abermaligen Pause) erhebt sich, stößt den Speer vor sich in den Boden, legt Schild und Schwert davor nieder, öffnet den Helm, nimmt ihn vom Haupte und legt ihn zu den andren Waffen, worauf er dann zu stummem Gebete vor dem Speere niederkniet. Gurnemanz betrachtet ihn mit Erstaunen und Rührung. Er winkt Kundry herbei, welche soeben aus der Hütte tritt. Parzival erhebt jetzt im brünstigen Gebete das Haupt zu der Speeresspitze auf. Gurnemanz (leise zu Kundry): „Erkennst du ihn? – Der ist's, der einst den Schwan erlegte? Gewiss, er ist's." Kundry bestätigt es mit leisem Kopfnicken. Gurnemanz: „Der Tor ist's, den ich zürnend von uns wies? Ha! Welche Wege fand er? Den Speer – ich kenne ihn!" (In großer Ergriffenheit) „O, heiligster Tag, zu dem ich erwachte!" Kundry hat sich mit dem Antlitz abgewendet. Parzival erhebt sich langsam vom Gebete, blickt ruhig um sich, und begrüßt Gurnemanz mit der Hand: „Heil mir, dass ich dich wieder finde." Gurnemanz: „So kennst auch du mich noch? Erkennst mich wieder, den der Gram so tiefgebeugt? Wie kamst du heut? Woher?" Parzival: „Die Pfade der Irrnis und der Leiden kam ich; soll ich mich ihnen jetzt entwunden dünken, da dieses Waldes Rauschen wieder ich vernehme; und dich Alten neu ich begrüße? Oder irr' ich wieder? denn verwandelt dünkt mich alles." Gurnemanz: „Und wohin suchtest du den Weg?" Parzival: „Zu ihm, des schreckliche Klagen ich törig staunend einst vernahm, und dem ich Heil zu bringen mich nun auserlesen wähnte. Doch ach! mich jagte ein wilder Fluch in pfadlose Irren, den Weg des Heiles nicht zu finden; zahllose Nöten, Kämpfe und Streite zwangen mich ab vom Pfade, den ich erkannt schon glaubte. Da musste mich

Verzweiflung fassen, das Heiligtum nicht bergen zu können, um das zu schützen und es zu wahren, ich mir Wunden jeder Wehr gewann. Denn nicht ihn selbst dürft' ich im Streite führen; unentweiht sollt' ich bisher ihn behüten, den dort du siehst, den heiligen Speer." – Gurnemanz: „O Gnade! höchstes Heil! O Wunder, heiligstes Wunder! – O, Herr! War es ein Fluch, der dich vom rechten Pfad vertrieb, so glaub, er ist gewichen. Hier bist du, dies ist des Grals Gebiet. Deiner harret seine Ritterschaft. – Oh, sie bedarf des Heils, das du ihr bringst! Seit dem Tage, den du hier weiltest, wuchs Trauer und Bangen bis zur höchsten Not. Anfortas, wütend gegen seine Wunde – seiner Seele Qual sich wehrend, begehrt in wildem Trotze nun den Tod; kein Flehen, kein Elend seiner Ritter kann ihn mehr bewegen, des heiligen Amtes zu walten. Verschlossen im Schreine bleibt seit lange der Gral, denn, so hofft sein sündiger Hüter, der nicht sterben kann solange er das Heiligtum erblickt, sein Ende zu erzwingen, und mit dem Leben seine Qual zu enden. Nun versagte sich uns die heilige Nahrung, und unheilige Atzung musste uns nähren; darob versiechte unsrer Helden Kraft; die Botschaft zu fernen Kämpfen für die Unschuld vernehmen sie nicht mehr. Bleich und elend wanken sie umher; in diese Waldecke zog ich einsam mich zurück, den Tod still zu erwarten, dem nun mein erster Waffenherr verfiel: Denn Titurel, mein heiliger Herr, dem nun des Grals Anblick nicht mehr leuchtete – er starb – ein Mensch wie alle!" – Parzival (in großem Schmerze sich aufrichtend): „Und ich bin dieses Elends Schuld! Was habe ich zu büßen, dass ich dies alles nun leiden muss, ich, dem der Rettung Werk zufiel, in blinder Irrnis alles Jammers Schöpfer?" Er droht ohnmächtig umzusinken. Gurnemanz hält ihn aufrecht und senkt ihn zum Sitze auf die Rasenbank nieder. Kundry hat ein Becken mit Wasser gebracht, um Parzival zu besprengen. Gurnemanz: „Nicht so: Hier, am heiligen Quelle selbst sei der ersehnte Wanderer gebadet! Mir ahnet, ein hohes Werk hat er heute noch zu verrichten und eines heiligen Amtes hat er zu walten; dazu muss er gereinigt, und aller Staub der langen Wanderung von ihm abgewaschen sein." Parzival, der allmählich zu sich kommt, wird von den beiden sanft an den Rand des Quelles geleitet. Während Kundry ihm die Beinschienen löst und die Füße badet, fragt Parzival matt: „Werd' ich heut noch zu Anfortas geleitet?" – Gurnemanz: „Gewiss! Die selige Burg harret unsrer. Die Totenfeier meines lieben Herren ruft mich dahin: Da noch einmal den Gral zu enthüllen hat Anfortas gelobt, um noch einmal des lang versäumten Amtes zu walten zur Heilugung des hehren Vaters, der des Sohnes Schuld erlag; die will er so nun büßen." – Parzival (mit Verwunderung Kundry zusehend): „Du wuschest mir die Füße: Nun netze mir Gurnemanz auch das Haupt." Gurnemanz (aus dem Quell schöpfend und Parzivals Haupt besprengend): „Gesegnet sei, du Reiner, durch das Reine: Es weiche jeder Schuld Bekümmernis von dir!" – (Während dem hat Kundry ein goldenes Fläschchen aus dem Busen gezogen, und von seinem Inhalt auf Parzivals Füße ausgegossen; jetzt trocknet sie dieselben mit ihren aufgelösten Haaren.) Parzival nimmt ihr das Fläschchen ab: „Salbtest du mir die Füße, so soll nun Titurels Genosse das Haupt salben: Denn heute noch muss ich König sein!" Gurnemanz schüttet das Fläschchen vollends auf Parzivals Haupt aus, reibt dieses sanft, und faltet die Hände dann darüber. „So ward es verheißen: So salb' ich dich zum König. Du reiner, mitleidvoll Leidender, nimm dem Erlösten seine Last! – Parzival schöpft unvermerkt Wasser aus dem Quelle, beugt sich zu der vor ihm noch knienden Kundry hinab, und netzt ihr das Haupt: „Mein erstes Amt verricht' ich so: Sei getauft und glaube an den Erlöser!" Kundry senkt das Haupt tief zur Erde und scheint heftig zu weinen. Parzival wendet sein Haupt und blickt mit sanfter

Entzückung auf Wald und Wiese. „Wie dünkt doch heut die Aue mich so schön! Nie sah ich sie so mild und zart, die Halmen, Blüt' und Blumen, noch duftet dies all so kindisch hold und sprach zu mir so lieblich." Gurnemanz: „Das ist Karfreitagszauber, Herr!" Parzival: „Oh, des höchsten Schmerzenstages! Da sollte, wähn' ich, die ganze Schöpfung trauern nur und weinen?" Gurnemanz: „Du siehst, das ist nicht so. Des Sünders Reue-Tränen betauen heute die Schöpfung. So heiliger Tau lässt sie so hehr gedeihen: Nun freuet sich alle unvernünftige Kreatur des göttlichen Erlösers; Ihn selbst am Kreuze kann sie nicht erschauen; da blickt sie denn zu dem erlösten Menschen auf; der fühlt sich durch das Liebesopfer Gottes heilig und rein: Das merken nun die Halm' und Blumen auf der Aue, dass heut des Menschen Fuß sie nicht zertritt, sondern, wie Gott der Menschen sich erbarmte, heut auch der Mensch in frommer Huld sie schont. Da dankt dann alles, was blüht und bald erstirbt: Es ist der Unschuldstag der entsündigten Natur." – Kundry hat langsam wieder das Haupt erhoben, und blickt, feuchten Auges, ernst und ruhig bittend zu Parzival auf. Parzival: „Auch deine Tränen wirkten an dem Wunder: Du weinst, es lacht die Aue." Er küsst sie auf die Stirne: „Steh auf und sei selig!" – Fernes tiefes Glockengeläute, sehr allmählich sich nähernd. Gurnemanz: „Die Stund' ist da: Mittag. Gestatte, Herr, dass dich dein Knecht geleite." Während die Gegend sehr allmählich, ähnlicher Weise wie im 1. Aufzuge, sich verwandelt, Glocken und Gesang deutlicher vernehmbar werden, waffnen Gurnemanz und Kundry Parzival und bekleiden ihn mit dem Waffenrocke und Mantel des Grales, den Gurnemanz aus der Hütte herbeigeholt: Parzival ergreift feierlich den Speer, und folgt mit Kundry langsam dem geleitenden Gurnemanz.
Nachdem der Wald gänzlich verschwunden und Felsentore sich aufgetan haben, in welchen die drei unsichtbar

wurden, gewahrt man in gewölbten Gängen Züge von Rittern in Trauergewändern. Totenklagen dringen näher. Endlich stellt sich der große Saal, wie im ersten Aufzuge, wieder dar. Düstere Beleuchtung. Die Türen öffnen sich wieder: Von einer Seite ziehen die Ritter, Titurels Sarg geleitend, herein; auf der anderen Seite wird Anfortas, im Siechbett, vor ihm der verhüllte Schrein mit dem Gral, getragen. In der Mitte, zwischen den Tafeln der Ritter, ist der Katafalk errichtet; dahinter der Hochsitz mit dem Baldachin, auf welchen Anfortas wieder geleitet wird.

Gesang der Ritter (mit nach oben verhallenden Stimmen)
1. Zug (mit dem Gral und Anfortas): „Geleiten wir das Heiligtum im bergenden Schrein zum hohen Amte, wen führet ihr dort im düstren Schrein trauernd daher?"
2. Zug (mit Titurels Sarge): „Wir geleiten den Helden, des heiliger Kraft Gott selbst einsten zur Pflege sich gab: Titurels Leiche führen wir her."
1. Zug: „Wer hat ihn gefällt, der in Gottes Hut Gott selbst einst beschirmte?"
2. Zug: „Ihn fällt der Tod im höchsten Alter, da des Grales Anblick ihn nicht mehr zum Leben segnen sollte."
1.: „Wer wehrt' ihm den Segen?" 2.: „Den dort ihr geleitet, Anfortas, der sündige Hüter." 1.: „Wir geleiten ihn heut, denn noch einmal soll euch das Wunder leuchten."
2.: „Wehe! Wehe! Wer waltet dann des Amtes, wenn heut es zum letzten Male?" – (Der Sarg ist auf dem Katafalk niedergesetzt, Anfortas auf das Ruhebett unter dem Baldachin gelegt.) Anfortas: „Wehe! Wehe! Weh über mich! Ich dulde willig eure Klage: Noch williger nehm' ich den Tod von euch; wie sollt' ich andre Sühne nehmen?" Der Sarg ist eröffnet worden, man erblickt Titurels Leiche. Allgemeiner Weheruf. Anfortas: „Mein Vater! Oh, du hochgesegnetster der Helden! Du Reinster, dem sich einst die Engel neigten! Gab ich dir den Tod, ich, der einzig sterben wollte: Oh, der du jetzt den

Erlöser in göttlichem Glanze selbst erschaust, erflehe von ihm, dass sein heiliges Blut, wenn jetzt noch einmal sein Segen die Brüder erquicken soll, wie ihnen neues Leben, mir endlich den Tod verleihe! Tod! Sterben! Dass die schreckliche Wunde, das Gift ersterbe, das nun das innerste Herz mir schon nagt. Dies einzige, gewähre es, Erlöser, dem jammervollsten Sünder!" Ritter: „Enthüllet den Schrein! Walte des Amtes, dein Vater mahnet dich!" Anfortas (in wütende Verzweiflung ausbrechend): „Nein! Nicht mehr! Ha! schon fühle ich den Tod mich umnachten, und noch einmal sollte ich in das Leben zurück? Wahnsinnige! Wer will mich zwingen zu leben?
*Hi*er bin ich, hier die offene Wunde" (er hat sich enthüllt) „da fließet das Blut, das mich vergiftet! Stoßt eure Schwerte hinein – wohlauf, bis an das Heft: Dann wäre wohl Gott versöhnt, und von selbst leuchtete euch Törigen der Gral." – Parzival (der mit Gurnemanz und Kundry unvermerkt nahe gekommen ist, berührt die Wunde Anfortas', vor welcher alles scheu zurückweicht, mit der Spitze des Speeres): „Nur eine Waffe taugt: Die Wunde schließe dir die Spitze die sie stach! – Erhebe dich, sei heil zu Reu' und Buße. Des Amtes soll für dich ich nun walten. Gesegnet sei dein Leiden, das Mitleids höchste Kraft dem Zagen, reinsten Wissens Macht dem Toren gab. Die heilige Lanze bring' ich euch zurück … O Wunder, sieh! ihre Spitze blutet heilig nun zur Sühne, da deine Wunde sie schloss. Sehnsucht erfasste sie nach dem verwandten heiligen Balsam. – Öffnet den Schrein!" Der Schrein wird geöffnet: Parzival spricht leise die Andacht. Das Gefäß erglüht in Purpur; eine Glorienbeleuchtung durchdringt den Saal. Titurels Leiche hat sich segnend aus dem Sarge erhoben. Aus der Kuppel schwebt eine weiße Taube auf den Gral herab. Anfortas und Gurnemanz senken sich huldigend zu den Seiten Parzivals auf die Knie. Ebenso liegt alles in höchster Andacht kniend am Boden. – Kundry sinkt sanft entseelt, mit dem Blick

auf ihn, vor Parzival nieder. Alle, (kaum hörbar): „Erlösung dem Erlöser! Höchsten Heiles Wunder!" (Der Vorhang fällt langsam.)

23. Febr. 77

Kurze Notiz

Zum Textbuch
von Richard Wagners *Parsifal*

Am 23.02.1877 beendete Wagner seinen zweiten großen Prosa-Entwurf zum „Parzival", und schon am 14.03. ging er an die Dichtung des Textbuchs, das er nun „Parsifal" nannte; auf gleiche Weise wurde in diesem Arbeitsschritt aus dem „Anfortas" der Entwürfe (Wagner hatte hier noch den Namen aus Wolframs Dichtung übernommen), der „Amfortas" der Endfassung.
Am 13.04.1877 schloss Wagner die Arbeit am Textbuch ab, begann mit der Komposition. Diese dauerte bis zum 26.04.1879. Die Partitur, deren Reinschrift später Engelbert Humperdinck besorgte, lag allerdings erst am 21.01.1882 vor. Dazwischen hatte Wagner für die BAYREUTHER BLÄTTER verschiedene Aufsätze verfasst. Seine angeschlagene Gesundheit zwang ihn außerdem zu einem längeren Aufenthalt in Italien, wo er den russischen Maler Paul von Joukowsky kennen lernte, den er mit dem Entwurf der Bühnenbilder und Kostüme für das „Bühnenweihfestspiel" beauftragte. Mit Datum vom 26.05.1880 notierte Wagner im Gästebuch des Palazzo Rufolo in Ravello: „Klingsors Zaubergarten ist gefunden! Richard Wagner, mit Frau und Familie". Das Innere des „Gralstempels" fand Wagner am 24.08. in der Architektur der Kathedrale von Siena. Die Uraufführung des PARSIFAL erfolgte am 26.07.1882 in Bayreuth. Den Schluss der letzten Vorstellung am 29.08. dirigierte Wagner selbst, beginnend mit Takt 23 der

Verwandlungsmusik des dritten Aktes bis zum Ende. Es war das einzige Mal, dass er im Bayreuther Festspielhaus den Taktstock führte. Wagners erklärter Wille, den PARSIFAL nur in Bayreuth aufzuführen, wurde von ihm bereits zwei Jahre zuvor in nachfolgendem Brief an König Ludwig II. formuliert:

Ich habe nun alle meine, noch so ideal konzipierten Werke an unsere, von mir als tief unsittlich erkannte, Theater- und Publikums-Praxis ausliefern müssen, dass ich mich nun wohl ernstlich fragen musste, ob ich nicht wenigstens dieses letzte und heiligste meiner Werke vor dem gleichen Schicksal einer gemeinen Opernkarriere bewahren sollte. Eine entscheidende Nötigung hierfür habe ich endlich in dem reinen Gegenstande, dem Sujet, meines „Parsifal" nicht mehr verkennen dürfen. In der Tat, wie kann und darf eine Handlung, in welcher die erhabensten Mysterien des christlichen Glaubens offen in Szene gesetzt sind, auf Theatern wie den unsrigen, neben einem Opernrepertoire und vor einem Publikum, wie dem unsrigen vorgeführt werden? Ich würde es wirklich unseren Kirchenvorständen nicht verdenken, wenn sie gegen Schaustellungen der geweihtesten Mysterien auf denselben Brettern, auf welchen gestern und morgen die Frivolität sich behaglich ausbreitet, und vor einem Publikum, welches einzig von der Frivolität angezogen wird, einen sehr berechtigten Einspruch erheben. Im ganz richtigen Gefühle hiervon betitelte ich den „Parsifal" ein „Bühnenweihfestspiel". So muss ich ihm denn nun eine Bühne zu weihen suchen, und dies kann nur mein einsam dastehendes Bühnenfestspielhaus in Bayreuth sein. Dort darf der „Parsifal" in Zukunft einzig und allein aufgeführt werden; nie soll der „Parsifal" auf irgend einem anderen Theater dem Publikum zum Amüsement dargeboten werden: Und, dass dies so geschehe, ist das Einzige, was mich beschäftigt und zur Überlegung dazu bestimmt, wie und durch wel-

che Mittel ich diese Bestimmung meines Werkes sichern kann.
Richard Wagner.
Siena, 28. September 1880.
Nachfolgend äußert Wagner häufiger den Wunsch, PARSIFAL nur Bayreuth vorzubehalten. Als 1913 die gesetzliche Schutzfrist für diese Verfügung Wagners ablief, bemühte Cosima sich erfolglos um eine Verlängerung; das Werk wurde freigegeben und darf seither weltweit aufgeführt werden.

In einer Privataufführung für König Ludwig II. dirigierte Wagner am 12.11.1880 vormittags im Münchener Hoftheater das Vorspiel zu PARSIFAL. Zu dieser Aufführung verfasste Wagner eigens eine Erläuterung, die eine thematische Untergliederung des Vorspiels in drei Komplexe vornimmt, in „Liebe – Glaube – Hoffen", letzteres mit Fragezeichen versehen. – Jene Aufführung des Vorspiels stellt eine Ausnahme dar, denn zu diesem Zeitpunkt hatte Wagner die Aufführung seines PARSIFAL nur für Bayreuth bestimmt. Als Ludwig nach der Aufführung zum Vergleich die Lohengrin-Ouvertüre hören wollte, übergab Wagner den Taktstock an Hermann Levi. Es war die letzte Begegnung zwischen Wagner und Ludwig II. Der Uraufführung des PARSIFAL 1882 in Bayreuth blieb der König fern.

Richard Wagner

Parsifal
Ein Bühnenweihfestspiel
Das Textbuch

Personen der Handlung: *Amfortas*
Titurel
Gurnemanz
Parsifal
Klingsor
Kundry
Gralsritter und Knappen
Klingsors Zaubermädchen

Ort der Handlung: *auf dem Gebiete und in der Burg der Gralshüter „Monsalvat"; Gegend im Charakter der nördlichen Gebirge des gotischen Spaniens. Sodann: Klingsors Zauberschloss, am Südabhange derselben Gebirge, dem arabischen Spanien zugewandt anzunehmen.* – Die Tracht der Gralsritter und Knappen ähnlich der des Templerordens: weiße Waffenröcke und Mäntel; statt des roten Kreuzes jedoch eine schwebende Taube auf Wappen und Mäntel gestickt.

Erster Aufzug

Wald, schattig und ernst, doch nicht düster.
Felsiger Boden. Eine Lichtung in der Mitte. Links aufsteigend wird der Weg zur Gralsburg angenommen. Der Mitte des Hintergrundes zu senkt sich der Boden zu einem tiefer gelegenen Waldsee hinab. – Tagesanbruch. –

Gurnemanz (rüstig greisenhaft) und zwei Knappen (von zartem Jünglingsalter) sind schlafend unter einem Baume gelagert. – Von der linken Seite, wie von der Gralsburg her, ertönt der feierliche Morgenweckruf der Posaunen.

GURNEMANZ *erwachend und die Knappen rüttelnd*
 He! Ho! Waldhüter ihr!
 Schlafhüter mitsammen!
 So wacht doch mindest am Morgen!
Die beiden Knappen springen auf, und senken sich, beschämt, sogleich wieder auf die Knie.
 Hört ihr den Ruf? Nun danket Gott,
 das ihr berufen ihn zu hören!
Er senkt sich zu ihnen ebenfalls nieder; gemeinschaftlich verrichten sie stumm ihr Morgengebet; sobald die Posaunen schweigen, erheben sie sich dann.
 Jetzt auf, ihr Knaben; seht nach dem Bad;
 Zeit ist's, des Königs dort zu harren:
 Dem Siechbett, das ihn trägt, voraus
 seh ich die Boten schon uns nahn.
Zwei Ritter treten, von der Burg her, auf.
 Heil euch! Wie geht's Amfortas heut?
 Wohl früh verlangt er nach dem Bade:
 Das Heilkraut, das Gawan
 mit List und Kühnheit ihm gewann,
 ich wähne, das es Lindrung schuf?
DER ERSTE RITTER
 Das wähnst du, der doch alles weiß?
 Ihm kehrten sehrender nur
 die Schmerzen bald zurück:
 Schlaflos von starkem Bresten
 befahl er eifrig uns das Bad.
GURNEMANZ *das Haupt traurig senkend*
 Toren wir, auf Lindrung da zu hoffen,
 wo einzig Heilung lindert!
 Nach allen Kräutern, allen Tränken forscht

und jagt weit durch die Welt;
ihm hilft nur eines –
nur der Eine.
ERSTER RITTER
So nenn uns den!
GURNEMANZ *ausweichend*
Sorgt für das Bad!
DER ERSTE KNAPPE *als er sich mit dem zweiten Knappen dem Hintergrunde zuwendet, nach rechts blickend*
Seht dort die wilde Reiterin!
ZWEITER KNAPPE
Hei!
Wie fliegen der Teufelsmähre die Mähnen!
ERSTER RITTER
Ja! Kundry dort.
ZWEITER RITTER
Die bringt wohl wicht'ge Kunde?
ERSTER KNAPPE
Die Mähre taumelt.
ZWEITER KNAPPE
Flog sie durch die Luft?
ERSTER KNAPPE
Jetzt kriecht sie am Boden.
ZWEITER KNAPPE
Mit den Mähnen fegt sie das Moos.
ERSTER RITTER
Da schwang sich die Wilde herab.
KUNDRY *stürzt hastig, fast taumelnd herein. Wilde Kleidung, hoch geschürzt; Gürtel von Schlangenhäuten lang herabhängend: schwarzes, in losen Zöpfen flatterndes Haar; tief braun-rötliche Gesichtsfarbe; stechende schwarze Augen, zuweilen wild aufblitzend, öfters wie todesstarr und unbeweglich. – Sie eilt auf Gurnemanz zu und dringt ihm ein kleines Kristallgefäß auf.*
Hier nimm du! – Balsam!

GURNEMANZ
Woher brachtest du dies?
KUNDRY
Von weiter her, als du denken kannst:
Hilft der Balsam nicht,
Arabien birgt
nichts mehr dann zu seinem Heil. –
Frag nicht weiter! – Ich bin müde.
Sie wirft sich auf den Boden.
Ein Zug von Knappen und Rittern, die Sänfte tragend und geleitend, in welcher Amfortas ausgestreckt liegt, gelangt, von links her, auf die Bühne. – Gurnemanz hat sich, von Kundry ab, sogleich den Ankommenden zugewendet.
GURNEMANZ *während der Zug auf die Bühne gelangt*
Er naht: Sie bringen ihn getragen. –
O weh! Wie trag' ich's im Gemüte,
in seiner Mannheit stolzer Blüte
des siegreichsten Geschlechtes Herrn
als seines Siechtums Knecht zu sehn!
Zu den Knappen
Behutsam! Hört, der König stöhnt.
Jene halten ein und setzen das Siechbett nieder.
AMFORTAS *der sich ein wenig erhoben*
So recht! – Habt Dank! Ein wenig Rast.
Nach wilder Schmerzensnacht
nun Waldes-Morgenpracht;
im heil'gen See
wohl labt mich auch die Welle;
es staunt das Weh,
die Schmerzensnacht wird helle.
Gawan!
ERSTER RITTER
Herr, Gawan weilte nicht.
Da seines Heilkrauts Kraft,
wie schwer er's auch errungen,

doch deine Hoffnung trog,
hat er auf neue Such sich fortgeschwungen.
AMFORTAS
Ohn' Urlaub? – Möge das er sühnen,
dass schlecht er Gralsgebote hält!
O wehe ihm, dem trotzig Kühnen,
wenn er in Klingsors Schlingen fällt!
So breche keiner mir den Frieden:
Ich harre des, der mir beschieden.
„Durch Mitleid wissend" –
war's nicht so?
GURNEMANZ
Uns sagtest du es so.
AMFORTAS
„Der reine Tor" – –:
Mich dünkt, ihn zu erkennen:
Dürft' ich den Tod ihn nennen!
GURNEMANZ
Doch hier zuvor: Versuch es noch mit diesem!
Er reicht ihm das Fläschchen.
AMFORTAS *es betrachtend*
Woher dies heimliche Gefäß?
GURNEMANZ
Dir ward es aus Arabia hergeführt.
AMFORTAS
Und wer gewann es?
GURNEMANZ
Da liegt's, das wilde Weib.
Auf, Kundry! Komm!
Sie weigert sich.
AMFORTAS
Du, Kundry?
Muss ich dir nochmals danken,
du rastlos scheue Magd?
Wohl denn!
Den Balsam nun versuch ich noch;

es sei aus Dank für deine Treu'!
KUNDRY *unruhig am Boden liegend*
Nicht Dank! – Ha ha! Was wird es helfen?
Nicht Dank! – Fort, fort! Zum Bad!
Amfortas gibt das Zeichen zum Aufbruch; der Zug entfernt sich nach dem tieferen Hintergrunde zu. – Gurnemanz, schwermütig nachblickend, und Kundry, fortwährend auf dem Boden gelagert, sind zurückgeblieben. – Knappen gehen ab und zu.
DRITTER KNAPPE *(junger Mann)*
He! Du da!
Was liegst du dort wie ein wildes Tier?
KUNDRY
Sind die Tiere hier nicht heilig?
DRITTER KNAPPE
Ja! Doch ob heilig du,
das wissen wir grad noch nicht.
VIERTER KNAPPE *(ebenfalls junger Mann)*
Mit ihrem Zaubersafte, wähn' ich,
wird sie den Meister vollends verderben.
GURNEMANZ
Hm! – Schuf sie euch Schaden je?
Wann alles ratlos steht,
wie kämpfenden Brüdern in fernste Länder
Kunde sei zu entsenden,
und kaum ihr nur wisst, wohin?
Wer, ehe ihr euch nur besinnt,
stürmt und fliegt da hin und zurück,
der Botschaft pflegend mit Treu' und Glück?
Ihr nährt sie nicht, sie naht euch nie,
nichts hat sie mit euch gemein!
Doch wann's in Gefahr der Hilfe gilt,
der Eifer führt sie schier durch die Luft,
die nie euch dann zum Danke ruft.
Ich wähne, ist dies Schaden,
so tät' er euch gut geraten.

DRITTER KNAPPE
> Doch hasst sie uns.
> Sieh nur, wie hämisch sie dort nach uns blickt!

VIERTER KNAPPE
> Eine Heidin ist's, ein Zauberweib.

GURNEMANZ
> Ja, eine Verwünschte mag sie sein:
> Hier lebt sie heut –
> vielleicht erneut,
> zu büßen Schuld aus früher'm Leben,
> die dorten ihr noch nicht vergeben.
> Übt sie nun Buß' in solchen Taten,
> die uns Ritterschaft zum Heil geraten,
> gut tut sie dann ganz sicherlich,
> dienet uns, und hilft auch sich.

DRITTER KNAPPE
> Dann ist's wohl auch jen' ihre Schuld,
> was uns so manche Not gebracht?

GURNEMANZ
> Ja, wann sie oft uns lange ferne blieb,
> dann brach ein Unglück wohl herein.
> Und lang schon kenn ich sie;
> noch länger kennt sie Titurel:
> Der fand, als er die Burg dort weihte,
> sie schlafend hier im Waldgestrüpp,
> erstarrt, leblos, wie tot.
> So fand ich selbst sie letzlich wieder,
> als uns das Unheil kaum geschehn,
> das jener Böse dort überm Berge
> so schmählich über uns gebracht.

Zu Kundry
> He! Du! – Hör mich und sag:
> Wo schweiftest damals du umher,
> als unser Herr den Speer verlor?

Kundry schweigt.
> Warum halfst du uns damals nicht?

KUNDRY
   Ich helfe nie.
VIERTER KNAPPE
   Sie sagt's da selbst.
DRITTER KNAPPE
   Ist sie so treu und kühn in Wehr,
   so sende sie nach dem verlornen Speer!
GURNEMANZ *düster*
   Das ist ein andres:
   Jedem ist's verwehrt.
   Mit großer Ergriffenheit
   Oh, wunden-wundervoller
   heiliger Speer!
   Dich sah ich schwingen
   von unheiligster Hand!
In Erinnerung sich verlierend
   Mit ihm bewehrt, Amfortas, allzukühner,
   wer mochte dir es wehren
   den Zaubrer zu beheeren? – –
   Schon nah dem Schloss, wird uns der Held entrückt:
   Ein furchtbar schönes Weib hat ihn entzückt:
   In seinen Armen liegt er trunken,
   der Speer ist ihm entsunken;
   ein Todesschrei! – Ich stürm' herbei:
   Von dannen Klingsor lachend schwand,
   den heil'gen Speer hat er entwandt.
   Des Königs Flucht gab kämpfend ich Geleite:
   Doch eine Wunde brannt' ihm in der Seite:
   Die Wunde ist's, die nie sich schließen will.
DRITTER KNAPPE
   So kanntest du Klingsor?
GURNEMANZ *zu dem ersten und zweiten Knappen, welche vom See her kommen*
   Wie geht's dem König?
ZWEITER KNAPPE
   Ihn frischt das Bad.

ERSTER KNAPPE
    Dem Balsam wich der Schmerz.
GURNEMANZ *nach einem Schweigen*
    Die Wunde ist's, die nie sich schließen will!
DRITTER KNAPPE
    Doch, Väterchen, sag und lehr uns fein:
    Du kanntest Klingsor, wie mag das sein?
Der dritte und der vierte Knappe hatten sich zuletzt schon zu Gurnemanz' Füßen niedergesetzt; die beiden anderen gesellen sich jetzt gleicher Weise zu ihnen.
GURNEMANZ
    Titurel, der fromme Held,
    der kannt' ihn wohl.
    Denn ihm, da wilder Feinde List und Macht
    des reinen Glaubens Reich bedrohten,
    ihm neigten sich in heilig ernster Nacht
    dereinst des Heilands sel'ge Boten:
    Daraus er trank beim letzten Liebesmahle,
    das Weihgefäß, die heilig edle Schale,
    darein am Kreuz sein göttlich Blut auch floss,
    zugleich den Lanzenspeer, der dies vergoss –
    der Zeugengüter höchstes Wundergut –
    das gaben sie in unsres Königs Hut.
    Dem Heiltum baute er das Heiligtum.
    Die seinem Dienst ihr zugesindet
    auf Pfaden, die kein Sünder findet,
    ihr wisst, dass nur dem Reinen
    vergönnt ist sich zu einen
    den Brüdern, die zu höchsten Rettungswerken
    des Grales heil'ge Wunderkräfte stärken:
    Drum blieb es dem, nach dem ihr fragt, verwehrt,
    Klingsorn, so hart ihn Müh' auch drob beschwert.
    Jenseits im Tale war er eingesiedelt;
    darüber hin liegt üpp'ges Heidenland:
    Unkund blieb mir, was dorten er gesündigt;
    doch büßen wollt' er nun, ja heilig werden.

Ohnmächtig, in sich selbst die Sünde zu ertöten,
an sich legt er die Frevlerhand,
die nun, dem Grale zugewandt,
verachtungsvoll des Hüter von sich stieß;
darob die Wut nun Klingsorn unterwies,
wie seines schmählichen Opfers Tat
ihm gebe zu bösem Zauber Rat;
den fand er jetzt:
Die Wüste schuf er sich zum Wonnegarten,
drin wachsen teuflisch holde Frauen;
dort will des Grales Ritter er erwarten
zu böser Lust und Höllengrauen:
Wen er verlockt, hat er erworben;
schon viele hat er uns verdorben.
Da Titurel, in hohen Alters Mühen,
dem Sohne nun die Herrschaft hier verliehen,
Amfortas ließ es da nicht ruhn
der Zauberplag' Einhalt zu tun;
das wisst ihr, wie es da sich fand:
Der Speer ist nun in Klingsors Hand;
kann er selbst Heilige mit dem verwunden,
den Gral auch wähnt er fest schon uns entwunden.

KUNDRY *hat sich, in wütender Unruhe, oft heftig umgewendet.*

VIERTER KNAPPE
    Vor allem nun: Der Speer kehr' uns zurück!
DRITTER KNAPPE
    Ha! Wer ihn brächt', ihm wär's zu Ruhm und Glück!
GURNEMANZ *nach einem Schweigen*
    Vor dem verwaisten Heiligtum
    in brünst'gem Beten lag Amfortas,
    ein Rettungszeichen heiß erflehend;
    ein sel'ger Schimmer da entfloss dem Grale;
    ein heilig' Traumgesicht
    nun deutlich zu ihm spricht
    durch hell erschauter Wortezeichen Male:

„Durch Mitleid wissend
der reine Tor,
harre sein',
den ich erkor."

Die vier Knappen wiederholen, in großer Ergriffenheit, den Spruch.
Vom See her hört man Geschrei und das Rufen der
RITTER UND KNABEN
   Weh! Wehe! – Hoho!
   Auf! – Wer ist der Frevler?
Gurnemanz und die vier Knappen fahren auf und wenden sich erschrocken um. – Ein wilder Schwan flattert matten Fluges vom See daher; er ist verwundet, er hält sich mühsam und sinkt endlich sterbend zu Boden. – Während dem:
GURNEMANZ
   Was gibt's?
ERSTER KNAPPE
   Dort!
ZWEITER KNAPPE
   Hier! Ein Schwan.
DRITTER KNAPPE
   Ein wilder Schwan!
VIERTER KNAPPE
   Er ist verwundet.
ANDERE KNAPPEN *vom See herstürmend*
   Ha! Wehe! Weh!
GURNEMANZ
   Wer schoss den Schwan?
DER ZWEITE RITTER *hervorkommend*
   Der König grüßt' ihn als gutes Zeichen,
   als über dem See dort kreiste der Schwan:
   Da flog ein Pfeil.
NEUE KNAPPEN *Parsifal vorführend*
   Der war's! Der schoss! Dies der Bogen!
   Hier der Pfeil, der seinen gleich.

GURNEMANZ *zu Parsifal*
Bist du's, der diesen Schwan erlegte?
PARSIFAL
Gewiss! Im Fluge treff' ich was fliegt.
GURNEMANZ
Du tatest das? Und bangt es dich nicht vor der Tat?
DIE KNAPPEN
Strafe den Frevler!
GURNEMANZ
Unerhörtes Werk!
Du konntest morden? Hier im heil'gen Walde,
des stiller Frieden dich umfing?
Des Haines Tiere nahten dir nicht zahm,
grüßten dich freundlich und fromm?
Aus den Zweigen, was sangen die Vöglein dir?
Was tat dir der treue Schwan?
Sein Weibchen zu suchen flog er auf,
mit ihm zu kreisen über dem See,
den so er herrlich weihte zum heilenden Bad:
Dem stauntest du nicht, dich lockt es nur
zu wild kindischem Bogengeschoss?
Er war uns hold: Was ist er nun dir?
Hier – schau her! – hier trafst du ihn:
Da starrt noch das Blut, matt hängen die Flügel;
das Schneegefieder dunkel befleckt –
gebrochen das Aug', siehst du den Blick?
Wirst deiner Sündentat du inne?
*Parsifal hat ihm mit wachsender Ergriffenheit zugehört:
Jetzt zerbricht er seinen Bogen und schleudert die Pfeile
von sich.*
Sag, Knab'! Erkennst du deine große Schuld?
Parsifal führt die Hand über die Augen.
Wie konntest du sie begehn?
PARSIFAL
Ich wusste sie nicht.

GURNEMANZ
 Wo bist du her?
PARSIFAL
 Das weiß ich nicht.
GURNEMANZ
 Wer ist dein Vater?
PARSIFAL
 Das weiß ich nicht.
GURNEMANZ
 Wer sandte dich dieses Wegs?
PARSIFAL
 Ich weiß nicht.
GURNEMANZ
 Dein Name dann?
PARSIFAL
 Ich hatte viele,
 doch weiß ich ihrer keinen mehr.
GURNEMANZ
 Das weißt du alles nicht?
Für sich
 So dumm wie den
 erfand ich bisher Kundry nur.
Zu den Knappen, deren sich immer mehre versammelt haben
 Jetzt geht!
 Versäumt den König im Bade nicht! – Helft!
Die Knappen haben den Schwan ehrerbietig aufgenommen, und entfernen sich mit ihm jetzt nach dem See zu.
GURNEMANZ *sich wieder zu Parsifal wendend*
 Nun sag! Nichts weißt du, was ich dich frage:
 Jetzt melde, was du weißt!
 denn etwas musst du doch wissen.
PARSIFAL
 Ich hab eine Mutter; Herzeleide sie heißt:
 Im Wald und auf wilder Aue waren wir heim.

GURNEMANZ
 Wer gab dir den Bogen?
PARSIFAL
 Den schuf ich mir selbst,
 vom Forst die rauen Adler zu scheuchen.
GURNEMANZ
 Doch adelig scheinst du selbst und hochgeboren;
 warum nicht ließ deine Mutter
 bessre Waffen dich lehren?
PARSIFAL *schweigt.*
KUNDRY *welche, in der Waldecke gelagert, den Blick scharf auf Parsifal gerichtet hat, ruft mit rauer Stimme hinein*
 Den Vaterlosen gebar die Mutter,
 als im Kampf erschlagen Gamuret:
 Vor gleichem frühen Heldentod
 den Sohn zu wahren, waffenfremd
 in Öden erzog sie ihn zum Toren –
 die Törin!
Sie lacht.
PARSIFAL *der mit jäher Aufmerksamkeit zugehört*
 Ja! Und einst am Waldessaume vorbei,
 auf schönen Tieren sitzend,
 kamen glänzende Männer;
 ihnen wollt' ich gleichen;
 sie lachten und jagten davon.
 Nun lief ich nach, doch konnte sie nicht erreichen;
 durch Wildnisse kam ich, bergauf, talab;
 oft ward es Nacht; dann wieder Tag:
 Mein Bogen musste mir frommen
 gegen Wild und große Männer.
KUNDRY *eifrig*
 Ja, Schächer und Riesen traf seine Kraft:
 Den freislichen Knaben fürchten sie alle.
PARSIFAL
 Wer fürchtet mich? Sag!

KUNDRY
Die Bösen.
PARSIFAL
Die mich bedrohten, waren sie bös'?
Gurnemanz lacht.
Wer ist gut?
GURNEMANZ *ernst*
Deine Mutter, der du entlaufen,
und die um dich sich nun härmt und grämt.
KUNDRY
Zu End' ihr Gram: Seine Mutter ist tot.
PARSIFAL *in furchtbarem Schrecken*
Tot? – Meine Mutter? – Wer sagt' es?
KUNDRY
Ich ritt vorbei, und sah sie sterben:
Dich Toren hieß sie mich grüßen.
PARSIFAL *springt wütend auf Kundry zu und fasst sie bei der Kehle.*
GURNEMANZ *ihn zurückhaltend*
Verrückter Knabe! Wieder Gewalt?
Was tat dir das Weib? Es sagte wahr.
Denn nie lügt Kundry, doch sah sie viel.
Nachdem Gurnemanz Kundry befreit, steht Parsifal lange wie erstarrt; dann gerät er in ein heftiges Zittern.
PARSIFAL
Ich – verschmachte!
KUNDRY *ist hastig an einen Waldquell gesprungen, bringt jetzt Wasser in einem Horne, besprengt damit zunächst Parsifal, und reicht ihm dann zu trinken.*
GURNEMANZ
So recht! So nach des Grales Gnade:
Das Böse bannt, wer's mit Gutem vergilt.
KUNDRY *traurig sich abwendend*
Nie tu ich Gutes; – nur Ruhe will ich.
Während Gurnemanz sich väterlich um Parsifal bemüht, schleppt sich Kundry, von beiden unbeachtet, einem

Waldgebüsche zu.
Nur Ruhe! Ruhe, ach, der Müden!
Schlafen! – Oh, das mich keiner wecke!
Scheu auffahrend
Nein! Nicht schlafen! – Grausen fasst mich!
Nach einem dumpfen Schrei verfällt sie in heftiges Zittern; dann lässt sie die Arme matt sinken, neigt das Haupt tief, und schwankt matt weiter.
Machtlose Wehr! Die Zeit ist da.
Schlafen – schlafen –: Ich muss.
Sie sinkt hinter dem Gebüsch zusammen, und bleibt von jetzt an unbemerkt. – Vom See her vernimmt man Bewegung, und gewahrt den im Hintergrunde sich heimwärts wendenden Zug der Ritter und Knappen mit der Sänfte.

GURNEMANZ
Vom Bade kehrt der König heim;
hoch steht die Sonne:
Nun lass mich zum frommen Mahl dich geleiten;
denn – bist du rein,
wird nun der Gral dich tränken und speisen.
Er hat Parsifals Arm sich sanft um den Nacken gelegt, und hält dessen Leib mit seinem eigenen Arme umschlungen; so geleitet er ihn bei sehr allmählichem Schreiten.

PARSIFAL
Wer ist der Gral?

GURNEMANZ
Das sagt sich nicht;
doch bist du selbst zu ihm erkoren,
bleibt dir die Kunde unverloren.
Und sieh!
Mich dünkt, das ich dich recht erkannt:
Kein Weg führt zu ihm durch das Land,
und niemand könnte ihn beschreiben,
den er nicht selber möcht' geleiten.

PARSIFAL
Ich schreite kaum –
doch wähn' ich mich schon weit.
GURNEMANZ
Du siehst, mein Sohn,
zum Raum wird hier die Zeit.
Allmählich, während Gurnemanz und Parsifal zu schreiten scheinen, verwandelt sich die Bühne, von links nach rechts hin, in unmerklicher Weise: Es verschwindet so der Wald: In Felsenwänden öffnet sich ein Tor, welches nun die beiden einschließt; dann wieder werden sie in aufsteigenden Gängen sichtbar, welche sie zu durchschreiten scheinen. – Lang gehaltene Posaunentöne schwellen sanft an: Näher kommendes Glockengeläute. – Endlich sind sie in einem mächtigen Saale angekommen, welcher nach oben in eine hochgewölbte Kuppel, durch die einzig das Licht hereindringt, sich verliert. – Von der Höhe über der Kuppel her vernimmt man wachsendes Geläute.
GURNEMANZ *sich zu Parsifal wendend, der wie verzaubert steht*
Jetzt achte wohl; und lass mich sehn,
bist du ein Tor und rein,
welch Wissen dir auch mag beschieden sein.
Auf beiden Seiten des Hintergrundes wird je eine große Tür geöffnet. Von rechts schreiten die Ritter des Grales in feierlichem Zuge herein und reihen sich, unter dem folgenden Gesange, nach und nach an zwei überdeckten langen Speisetafeln, welche so gestellt sind, das sie, von hinten nach vorn parallel laufend, die Mitte des Saales frei lassen: Nur Becher, keine Gerichte stehen darauf.
DIE GRALSRITTER
Zum letzten Liebesmahle
gerüstet Tag für Tag,
gleich ob zum letzten Male
es heut ihn letzen mag,

wer guter Tat sich freut:
Ihm sei das Mahl erneut:
Der Labung darf er nahn,
die hehrste Gab' empfahn.
JÜNGERE MÄNNERSTIMMEN *von der mittleren Höhe des Saales her vernehmbar*
Den sündigen Welten
mit tausend Schmerzen
wie einst sein Blut geflossen,
dem Erlösungs-Helden
mit freudigem Herzen
sei nun mein Blut vergossen.
Den Leib, den er zur Sühn' uns bot,
er leb' in uns durch seinen Tod.
KNABENSTIMMEN *aus der äußersten Höhe der Kuppel*
Der Glaube lebt;
Die Taube schwebt,
des Heilands holder Bote.
Der für euch fließt,
des Weins genießt,
und nehmt vom Lebensbrote!

Durch die entgegengesetzte Türe wird von Knappen und dienenden Brüdern auf einer Tragsänfte Amfortas hereingetragen: Vor ihm schreiten Knaben, welche einen mit einer purpurroten Decke überhängten Schrein tragen. Dieser Zug begibt sich nach der Mitte des Hintergrundes, wo, von einem Baldachin überdeckt, ein erhöhtes Ruhebett aufgerichtet steht, auf welches Amfortas von der Sänfte herab niedergelassen wird; hiervor steht ein altarähnlicher länglicher Marmortisch, auf welchen die Knaben den verhängten Schrein hinstellen.

Als der Gesang beendet ist, und alle Ritter an den Tafeln ihre Sitze eingenommen haben, tritt ein längeres Stillschweigen ein. – Vom tiefsten Hintergrunde her vernimmt man, aus einer gewölbten Nische hinter dem

Ruhebett des Amfortas, wie aus einem Grabe die Stimme des alten
TITUREL
    Mein Sohn Amfortas! Bist du am Amt?
Schweigen.
    Soll ich den Gral heut noch erschaun und leben?
Schweigen.
    Muss ich sterben, vom Retter ungeleitet?
AMFORTAS *im Ausbruche qualvoller Verzweifelung*
    Wehe! Wehe mir der Qual! –
    Mein Vater, oh! Noch einmal
    verrichte du das Amt!
    Lebe! Leb und lass mich sterben!
TITUREL
    Im Grabe leb ich durch des Heilands Huld;
    zu schwach doch bin ich, ihm zu dienen:
    Da büß im Dienste deine Schuld!
    Enthüllet den Gral!
AMFORTAS *den Knaben wehrend*
    Nein! Lasst ihn unenthüllt! – Oh!
    Dass keiner, keiner diese Qual ermisst,
    die mir der Anblick weckt, der euch entzückt!
    Was ist die Wunde, ihrer Schmerzen Wut,
    gegen die Not, die Höllenpein,
    zu diesem Amt – verdammt zu sein!
    Wehvolles Erbe, dem ich verfallen,
    ich, einziger Sünder unter allen,
    des höchsten Heiligtums zu pflegen,
    auf Reine herabzuflehen seinen Segen!
    Oh, Strafe! Strafe ohne Gleichen
    des – ach! – gekränkten Gnadenreichen!
    Nach Ihm, nach Seinem Weihegruße
    muss sehnlich mich's verlangen:
    Aus tiefster Seele Heilesbuße
    zu Ihm muss ich gelangen:
    Die Stunde naht:

Der Lichtstrahl senkt sich auf das heilige Werk;
die Hülle sinkt:
Des Weihgefäßes göttlicher Gehalt
erglüht mit leuchtender Gewalt;
durchzückt von seligsten Genusses Schmerz,
des heiligsten Blutes Quell
fühl ich sich gießen in mein Herz:
Des eignen sündigen Blutes Gewell
in wahnsinniger Flucht
muss mir zurück dann fließen,
in die Welt der Sündensucht
mit wilder Scheu sich ergießen:
Von Neuem sprengt es das Tor,
daraus es nun strömt hervor,
hier durch die Wunde, der seinen gleich,
geschlagen von desselben Speeres Streich,
der dort dem Erlöser die Wunde stach,
aus der mit blutigen Tränen
der Göttliche weint ob der Menschheit Schmach
in Mitleids heiligem Sehnen –
und aus der nun mir, an heiligster Stelle,
dem Pfleger göttlichster Güter,
des Erlösungsbalsams Hüter,
das heiße Sündenblut entquillt,
ewig erneut aus des Sehnens Quelle,
das, ach! keine Büßung je mir stillt!
Erbarmen! Erbarmen!
Allerbarmer, ach! Erbarmen!
Nimm mir mein Erbe,
schließe die Wunde,
dass heilig ich sterbe,
rein Dir gesunde!
Er sinkt wie bewusstlos zurück.
KNABENSTIMMEN *aus der Kuppel*
  „Durch Mitleid wissend,
  der reine Tor:

Harre sein',
den ich erkor."
DIE RITTER *leise*
So ward es dir verkündet,
Harre getrost;
des Amtes walte heut!
TITURELS STIMME
Enthüllet den Gral!
Amfortas hat sich schweigend wieder erhoben. Die Knaben entkleiden den goldenen Schrein, entnehmen ihm den „Gral" (eine antike Kristallschale), von welchem sie ebenfalls eine Verhüllung abnehmen, und setzen ihn vor Amfortas hin.
TITURELS STIMME
Der Segen!
Während Amfortas andachtsvoll in stummem Gebete sich zu dem Kelche neigt, verbreitet sich eine immer dichtere Dämmerung im Saale.
KNABEN *aus der Kuppel*
„Nehmet hin mein Blut
um unsrer Liebe Willen!
Nehmet hin meinen Leib,
auf dass ihr mein' gedenkt."
Ein blendender Lichtstrahl dringt von oben auf die Schale herab, diese erglüht immer stärker in leuchtender Purpurfarbe. Amfortas mit verklärter Miene, erhebt den „Gral" hoch und schwenkt ihn sanft nach allen Seiten hin. Alles ist bereits bei dem Eintritte der Dämmerung auf die Knie gesunken, und erhebt jetzt die Blicke andächtig zum „Grale".
TITURELS STIMME
Oh! Heilige Wonne!
Wie hell grüßt uns heute der Herr!
Amfortas setzt den „Gral" wieder nieder, welcher nun, während die tiefe Dämmerung wieder entweicht, immer mehr erblasst: Hierauf schließen die Knaben das Gefäß

wieder in den Schrein, und bedecken diesen, wie zuvor. – Mit dem Wiedereintritte der vorigen Tageshelle sind auf den Speisetafeln die Becher, jetzt mit Wein gefüllt, wieder deutlich geworden, neben jedem liegt ein Brot. Alles lässt sich zum Mahle nieder, so auch Gurnemanz, welcher einen Platz neben sich leer hält und Parsifal durch ein Zeichen zur Teilnehmung am Mahle einlädt: Parsifal bleibt aber starr und stumm, wie gänzlich entrückt, zur Seite stehen.
Wechselgesang während des Mahles.
KNABENSTIMMEN *aus der Höhe*
    Wein und Brot des letzten Mahles
    wandelt' einst der Herr des Grales,
    durch des Mitleids Liebesmacht,
    in das Blut, das er vergoss,
    in den Leib, den dar er bracht'.
JÜNGLINGSSTIMMEN *aus der mittleren Höhe*
    Blut und Leib der heil'gen Gabe
    wandelt heut zu eurer Labe
    sel'ger Tröstung Liebesgeist,
    in den Wein, der nun euch floss,
    in das Brot, das heut euch speist.
DIE RITTER *(erste Hälfte:)*
    Nehmet vom Brot,
    wandelt es kühn
    zu Leibes Kraft und Stärke;
    treu bis zum Tod,
    fest jedem Mühn,
    zu wirken des Heilands Werke.
(Zweite Hälfte:)
    Nehmt vom Wein,
    wandelt ihn neu
    zu Lebens feurigem Blute,
    froh im Verein,
    brüdergetreu
    zu kämpfen mit seligem Mute.

Sie erheben sich feierlich und reichen einander die Hände.
ALLE RITTER
 Selig im Glauben!
 Selig in Liebe!
JÜNGLINGE *aus mittlerer Höhe*
 Selig in Liebe!
KNABEN *aus oberster Höhe*
 Selig im Glauben!
Während des Mahles, an welchem er nicht teilnahm, ist Amfortas aus seiner begeisterungsvollen Erhebung allmählich wieder herabgesunken; er neigt das Haupt und hält die Hand auf die Wunde. Die Knaben nähern sich ihm; ihre Bewegungen deuten auf das erneuerte Bluten der Wunde: Sie pflegen Amfortas, geleiten ihn wieder auf die Sänfte, und, während alle sich zum Aufbruch rüsten, tragen sie, in der Ordnung wie sie kamen, Amfortas und den heiligen Schrein wieder von dannen. Die Ritter und Knappen reihen sich ebenfalls wieder zum feierlichen Zuge, und verlassen langsam den Saal, aus welchem die vorherige Tageshelle allmählich weicht. Die Glocken haben wieder geläutet.
Parsifal hatte bei dem vorangegangenen stärksten Klagerufe des Amfortas eine heftige Bewegung nach dem Herzen gemacht, welches er krampfhaft eine Zeit lang gefasst hielt; jetzt steht er noch wie erstarrt, regungslos da. – Als die Letzten den Saal verlassen, und die Türen wieder geschlossen sind, tritt Gurnemanz missmutig an Parsifal heran und rüttelt ihn am Arme.
GURNEMANZ
 Was stehst du noch da?
 Weißt du was du sahst?
PARSIFAL *schüttelt ein wenig sein Haupt.*
GURNEMANZ
 Du bist doch eben nur ein Tor!
Er öffnet eine schmale Seitentüre.

Dort hinaus, deinem Wege zu!
Doch rät dir Gurnemanz,
lass du hier künftig die Schwäne in Ruh,
und suche dir Gänser die Gans!
Er stößt Parsifal hinaus und schlägt, ärgerlich, hinter ihm die Türe stark zu. Während er dann den Rittern folgt, schließt sich der Bühnenvorhang.

Zweiter Aufzug

Klingsors Zauberschloss.
Im inneren Verließ eines nach oben offenen Turmes; Steinstufen führen nach dem Zinnenrande der Turmmauer; Finsternis in der Tiefe, nach welcher es von dem Mauervorsprunge, den der Bühnenboden darstellt, hinabführt. Zauberwerkzeuge und nekromantische Vorrichtungen. – Klingsor auf dem Mauervorsprunge zur Seite, vor einem Metallspiegel sitzend.

KLINGSOR
Die Zeit ist da –
Schon lockt mein Zauberschloss den Toren,
den, kindisch jauchzend, fern ich nahen seh.
Im Todesschlafe hält der Fluch sie fest,
der ich den Krampf zu lösen weiß.
Auf denn! Ans Werk!
Er steigt der Mitte zu, etwas tiefer hinab, und entzündet dort Räucherwerk, welches alsbald einen Teil des Hintergrundes mit einem bläulichen Dampfe erfüllt. Dann setzt er sich wieder an die vorige Stelle, und ruft, mit geheimnisvollen Gebärden, nach dem Abgrunde.
Herauf! Hieher! Zu mir!
Dein Meister ruft dich Namenlose:
Ur-Teufelin! Höllen-Rose!
Herodias warst du, und was noch?
Gundryggia dort, Kundry hier:

Hieher! Hieher denn, Kundry!
Zu deinem Meister, herauf!

In dem bläulichen Lichte steigt Kundrys Gestalt herauf. Man hört sie einen grässlichen Schrei ausstoßen, wie eine aus tiefstem Schlafe aufgeschreckte Halbwache.

KLINGSOR
Erwachst du? Ha!
Meinem Banne wieder
verfielst du heut zur rechten Zeit.

Kundrys Gestalt lässt ein Klagegeheul, von größter Heftigkeit bis zu bangem Wimmern sich abstufend, vernehmen.

Sag wo triebst du dich wieder umher?
Pfui! Dort, bei dem Ritter-Gesipp,
wo wie ein Vieh du dich halten lässt?
Gefällt's dir bei mir nicht besser?
Als ihren Meister du mir gefangen –
ha ha! den reinen Hüter des Grals –
was jagte dich da wieder fort?

KUNDRY *rau und abgebrochen, wie im Versuche, wieder Sprache zu gewinnen*
Ach! – Ach!
Tiefe Nacht –
Wahnsinn! – Oh! – Wut!
Oh! Jammer!
Schlaf – Schlaf –
tiefer Schlaf! – Tod!

KLINGSOR
Da weckte dich ein andrer? He?

KUNDRY *wie zuvor*
Ja! – Mein Fluch!
Oh! – Sehnen Sehnen!

KLINGSOR
Ha ha! – Dort nach den keuschen Rittern?

KUNDRY
Da – da – dient' ich.

KLINGSOR
 Ja, ja! – den Schaden zu vergüten,
 den du ihnen böslich gebracht?
 Sie helfen dir nicht:
 Feil sind sie alle,
 biet' ich den rechten Preis;
 der festeste fällt,
 sinkt er dir in die Arme:
 Und so verfällt er dem Speer,
 den ihrem Meister selbst ich entwandt. –
 Den Gefährlichsten gilt's nun heut zu bestehn:
 Ihn schirmt der Torheit Schild.
KUNDRY
 Ich – will nicht! – Oh! – Oh!
KLINGSOR
 Wohl willst du, denn du musst.
KUNDRY
 Du – kannst mich – nicht – halten.
KLINGSOR
 Aber dich fassen.
KUNDRY
 Du?
KLINGSOR.
 Dein Meister.
KUNDRY
 Aus welcher Macht?
KLINGSOR
 Ha! Weil einzig an mir
 deine Macht – nichts vermag.
KUNDRY *grell lachend*
 Ha! ha! – Bist du keusch?
KLINGSOR *wütend*
 Was frägst du das, verfluchtes Weib?
Er versinkt in finstres Brüten.
 Furchtbare Not!
 So lacht nun der Teufel mein',

dass ich einst nach dem Heiligen rang!
Furchtbare Not!
Ungebändigten Sehnens Pein!
Schrecklichster Triebe Höllendrang,
den ich zu Todesschweigen mir zwang –
lacht und höhnt er nun laut
durch dich, des Teufels Braut?
Hüte dich!
Hohn und Verachtung büßte schon einer:
Der Stolze, stark in Heiligkeit,
der einst mich von sich stieß,
sein Stamm verfiel mir,
unerlöst
soll der Heiligen Hüter mir schmachten:
Und bald – so wähn' ich –
hüt' ich mir selbst den Gral – –
Ha! Ha!
Gefiel er dir wohl, Amfortas, der Held,
den ich dir zur Wonne gesellt?

KUNDRY.
Oh! Jammer! – Jammer!
Schwach auch er! Schwach – alle!
Meinem Fluche mit mir
alle verfallen!
Oh, ewiger Schlaf,
einziges Heil,
wie – wie dich gewinnen?

KLINGSOR
Ha! Wer dir trotzte, löste dich frei:
Versuch's mit dem Knaben, der naht!

KUNDRY
Ich – will nicht!

KLINGSOR
Jetzt schon erklimmt er die Burg.

KUNDRY
O Wehe! Wehe!

Erwachte ich darum?
Muss ich? – Muss?
KLINGSOR *ist auf die Turmmauer gestiegen*
Ha! – Er ist schön, der Knabe!
KUNDRY
Oh! Oh! – Wehe mir!
KLINGSOR *stößt nach außen in ein Horn*
Ho! Ho! – Ihr Wächter! Ritter!
Helden! – Auf! – Feinde nah!
Außen wachsendes Getöse und Waffengeräusch.
Hei! – Wie zur Mauer sie stürmen,
die betörten Eigenholde,
zum Schutz ihres schönen Geteufels!
So! – Mutig! Mutig!
Haha! – Der fürchtet sich nicht:
Dem Helden Ferris entwand er die Waffe;
die führt er nun freislich wider den Schwarm. –
Kundry beginnt unheimlich zu lachen.
Wie übel den Tölpeln der Eifer gedeiht!
Dem schlug er den Arm – jenem den Schenkel.
Haha! – Sie weichen – sie fliehen:
Seine Wunde trägt jeder nach heim!
Wie das ich euch gönne!
Möge denn so
das ganze Rittergeschlecht
unter sich selber sich würgen!
Ha! Wie stolz er nun steht auf der Zinne!
Wie lachen ihm die Rosen der Wangen,
da kindisch erstaunt
in den einsamen Garten er blickt!
He! Kundry!
Er wendet sich um. Kundry war in ein immer ekstatischeres Lachen geraten, welches endlich in ein krampfhaftes Wehgeschrei überging; jetzt ist ihre Gestalt plötzlich verschwunden; das bläuliche Licht ist erloschen; volle Finsternis in der Tiefe.

Wie? – Schon am Werk?
Haha! Den Zauber kannt' ich wohl,
der immer dich wieder zum Dienst mir gesellt. –
Du dort, kindischer Spross!
Was auch
Weissagung dir wies –
zu jung und dumm
fielst du in meine Gewalt:
Die Reinheit dir entrissen,
bleibst mir du zugewiesen!

Er versinkt langsam mit dem ganzen Turme; zugleich steigt der Zaubergarten auf und erfüllt die Bühne völlig. Tropische Vegetation, üppigste Blumenpracht; nach dem Hintergrunde zu Abgrenzung durch die Zinne der Burgmauer, an welche sich seitwärts Vorsprünge des Schlossbaues selbst (arabischen reichen Stiles) mit Terrassen anlehnen.

Auf der Mauer steht Parsifal, staunend in den Garten hinabblickend. Von allen Seiten her, aus dem Garten wie aus dem Palaste, stürzen, wirr durcheinander, einzeln, dann zugleich immer mehrere, schöne Mädchen herein: Sie sind in flüchtig übergeworfener Kleidung, wie soeben aus dem Schlaf aufgeschreckt.

MÄDCHEN *vom Garten kommend*
    Hier war das Tosen,
    Waffen, wilde Rüfe!
MÄDCHEN *vom Schlosse heraus*
    Wehe! Rache! Auf!
    Wo ist der Frevler?
EINZELNE
    Mein Geliebter verwundet.
ANDERE
    Wo ist der Meine?
ANDERE
    Ich erwachte allein –
    wohin entfloh er?

IMMER ANDERE
>	Drinnen im Saale?
>	Sie bluten! Wehe!
>	Wer ist der Feind?
>	Da steht er! Seht!
>	Meines Ferris' Schwert?
>	Ich sah's, er stürmte die Burg.
>	Ich hörte des Meisters Horn.
>	Mein Held lief herzu,
>	sie alle kamen, doch jeden
>	empfing er mit blutiger Wehr.
>	Der Kühne, der Feindliche!
>	alle sie flohen ihm.
>	Du dort! Du dort!
>	Was schufst du uns solche Not?
>	Verwünscht, verwünscht sollst du sein!

PARSIFAL *springt etwas tiefer in den Garten herab.*
DIE MÄDCHEN
> Ha! Kühner! Wagst du zu trotzen.
> Was schlugst du unsre Geliebten?

PARSIFAL *in höchster Verwunderung*
> Ihr schönen Kinder, musst ich sie nicht schlagen?
> Zu euch Holden ja wehrten sie mir den Weg.

MÄDCHEN
> Zu uns wolltest du?
> Sahst du uns schon?

PARSIFAL
> Noch nie sah ich solch zieres Geschlecht.
> Nenn' ich euch schön, dünkt euch das recht?

DIE MÄDCHEN *von Verwunderung in Heiterkeit übergehend*
> So willst du uns wohl nicht schlagen?

PARSIFAL
> Das möcht' ich nicht.

MÄDCHEN
> Doch Schaden

schufst du uns großen und vielen;
du schlugest unsre Gespielen:
Wer spielt nun mit uns?
PARSIFAL
Das tu ich gern.
DIE MÄDCHEN *lachend*
Bist du uns hold, so bleib nicht fern;
und willst du uns nicht schelten,
wir werden dir's entgelten;
wir spielen nicht um Gold,
wir spielen um Minnes Sold;
willst du auf Trost uns sinnen,
sollst den du uns abgewinnen.
Einzelne sind in die Lauben getreten, und kommen jetzt, ganz wie in Blumengewändern, selbst Blumen erscheinend, wieder zurück.
DIE GESCHMÜCKTEN MÄDCHEN *einzeln*
Lasset den Knaben! – Er gehöret mir.
Nein! – Nein! – Mir! – Mir!
DIE ANDERN MÄDCHEN
Ah, die Schlimmen! – Sie schmückten sich heimlich.
Diese entfernen sich ebenfalls, und kehren alsbald in gleichem Blumenschmucke zurück.
DIE MÄDCHEN *während sie, wie in anmutigem Kinderspiele, in abwechselndem Reigen um Parsifal sich drehen, und sanft ihm Wange und Kinn streicheln*
Komm! Komm!
Holder Knabe,
lass mich dir blühen!
Dir zu wonniger Labe
gilt mein minniges Mühen.
PARSIFAL *mit heiterer Ruhe in der Mitte stehend*
Wie duftet ihr hold;
Seid ihr denn Blumen?

DIE MÄDCHEN *immer bald einzeln, bald mehrere zugleich*
Des Gartens Zier
und duftende Geister
im Lenz pflückt uns der Meister;
wir wachsen hier
in Sommer und Sonne,
für dich blühend in Wonne.
Nun sei uns freund und hold,
nicht karge den Blumen den Sold:
Kannst du uns nicht lieben und minnen,
wir welken und sterben dahinnen.
ERSTES MÄDCHEN
An deinen Busen nimm mich!
ZWEITES
Die Stirn lass mich dir kühlen!
DRITTES
Lass mich die Wange dir fühlen!
VIERTES
Den Mund lass mich dir küssen!
FÜNFTES
Nein mich! Die Schönste bin ich.
SECHSTES
Nein ich! Duft' ich doch süßer.
PARSIFAL *ihrer anmutigen Zudringlichkeit sanft wehrend*
Ihr wild holdes Blumengedränge,
soll ich mit euch spielen, entlasst mich der Enge.
MÄDCHEN
Was zankst du?
PARSIFAL
Weil ihr streitet.
MÄDCHEN
Wir streiten um dich.
PARSIFAL
Das meidet!

ERSTES MÄDCHEN *zu dem zweiten*
 Weiche du! Sieh, er will mich.
ZWEITES MÄDCHEN
 Nein, mich!
DRITTES
 Mich lieber!
VIERTES
 Nein, mich!
ERSTES MÄDCHEN *zu Parsifal*
 Du wehrest mir?
ZWEITES
 Scheuchest mich?
ERSTES
 Bist du feige vor Frauen?
ZWEITES
 Magst nicht dich getrauen?
MEHRERE MÄDCHEN
 Wie schlimm bist du, Zager und Kalter!
ANDERE MÄDCHEN
 Die Blumen lässt du umbuhlen den Falter?
ERSTE HÄLFTE
 Weichet dem Toren!
EIN MÄDCHEN
 Ich geb' ihn verloren!
ANDERE
 Uns sei er erkoren!
ANDERE
 Nein, uns! Nein, mir!
 Auch mir! – Hier, Hier!
PARSIFAL *halb ärgerlich sie von sich abscheuchend, will fliehen*
 Lasst ab! Ihr fangt mich nicht!
Aus einem Blumenhage zur Seite vernimmt man
KUNDRYS STIMME
 Parsifal! – Bleibe!
Die Mädchen erschrecken und halten sogleich ein. –

Parsifal steht betroffen still.
PARSIFAL
Parsifal …?
So nannte träumend mich einst die Mutter.
KUNDRYS STIMME
Hier weile, Parsifal!
Dich grüßet Wonne und Heil zumal. – –
Ihr kindischen Buhlen, weicht von ihm:
Früh welkende Blumen,
nicht euch ward er zum Spiel bestellt!
Geht heim, pflegt der Wunden;
einsam erharrt euch mancher Held.
DIE MÄDCHEN *zaghaft und widerstrebend sich von Parsifal entfernend*
Dich zu lassen, dich zu meiden –
O weh! O weh der Pein!
Von allen möchten gern wir scheiden,
mit dir allein zu sein. –
Lebwohl! Lebwohl!
Du Holder! Du Stolzer!
Du – Tor!
Mit dem Letzten sind sie, unter leisem Gelächter, nach dem Schlosse zu verschwunden.
PARSIFAL
Dies alles – hab ich nun geträumt?
Er sieht sich schüchtern nach der Seite hin um, von welcher die Stimme kam. Dort ist jetzt, durch Enthüllung des Hages, ein jugendliches Weib von höchster Schönheit – Kundry, in durchaus verwandelter Gestalt – auf einem Blumenlager, in leicht verhüllender, phantastischer Kleidung – annähernd arabischen Stiles – sichtbar geworden.
PARSIFAL *noch ferne stehend*
Riefest du mich Namenlosen?
KUNDRY
Dich nannt' ich, tör'ger Reiner
„Fal parsi" –

Dich, reinen Toren „Parsifal".
So rief, da in arab'schem Land er verschied,
dein Vater Gamuret dem Sohne zu,
den er, im Mutterschoß verschlossen,
mit diesem Namen sterbend grüßte.
Dir ihn zu künden, harrt ich deiner hier:
Was zog dich her, wenn nicht der Kunde Wunsch?

PARSIFAL
Nie sah ich, nie träumte mir, was jetzt
ich schau, und was mit Bangen mich erfüllt. –
Entblühtest du auch diesem Blumenhaine?

KUNDRY
Nein, Parsifal, du tör'ger Reiner!
Fern – fern ist meine Heimat!
Dass du mich fändest, weilte ich nur hier.
Von weither kam ich, wo ich viel ersah.
Ich sah das Kind an seiner Mutter Brust,
sein erstes Lallen lacht mir noch im Ohr;
das Leid im Herzen,
wie lachte da auch Herzeleide,
als ihren Schmerzen
zujauchzte ihrer Augen Weide!
Gebettet sanft auf weichen Moosen
den hold geschläfert sie mit Kosen,
dem, bang in Sorgen,
den Schlaf bewacht der Mutter Sehnen,
ihn weckt' am Morgen
der heiße Tau der Mutter-Tränen.
Nur Weinen war sie, Schmerz-Gebaren
um deines Vaters Lieb' und Tod;
vor gleicher Not dich zu bewahren,
galt ihr als höchster Pflicht Gebot:
Den Waffen fern, der Männer Kampf und Wüten,
wollte sie still dich bergen und behüten.
Nur Sorgen war sie, ach! und Bangen;
nie sollte Kunde zu dir hergelangen.

Hörst du nicht noch ihrer Klagen Ruf,
wann fern und spät du geweilt?
Hei! Was ihr das Lust und Lachen schuf,
wann suchend sie dann dich ereilt!
Wann dann ihr Arm dich wütend umschlang,
ward dir es wohl gar beim Küssen bang?
Ihr Wehe doch du nicht vernahmst,
nicht ihrer Schmerzen Toben,
als endlich du nicht wieder kamst,
und deine Spur verstoben:
Sie harrte Nächt' und Tage,
bis ihr verstummt die Klage,
der Gram ihr zehrte den Schmerz,
um stillen Tod sie warb:
Ihr brach das Leid das Herz,
und – Herzeleide – starb. –

PARSIFAL *immer ernsthafter, endlich furchtbar betroffen, sinkt, schmerzlich überwältigt, bei Kundrys Füßen nieder*

Wehe! Wehe! Was tat ich?
Mutter: Süße, holde Mutter!
Dein Sohn, dein Sohn musste dich morden?
Oh Tor! Blöder, taumelnder Tor!
Wo irrtest du hin, ihrer vergessend?
Deiner, deiner vergessend, traute, teuerste Mutter?

KUNDRY *immer noch in liegender Stellung ausgestreckt, beugt sich über Parsifals Haupt, fasst sanft seine Stirne, und schlingt traulich ihren Arm um seinen Nacken*

War dir fremd noch der Schmerz,
des Trostes Süße
labte nie auch dein Herz:
Das Wehe, das dich reut,
die Not nun büße,
im Trost, den Liebe beut!

PARSIFAL *trübe*
Die Mutter, die Mutter konnt ich vergessen!
Ha! Was alles vergaß ich wohl noch?
Wes war ich je noch eingedenk?
Nur dumpfe Torheit lebt in mir!
Er lässt sich immer tiefer sinken.
KUNDRY
Bekenntnis
wird Schuld und Reue enden,
Erkenntnis
in Sinn die Torheit wenden:
Die Liebe lerne kennen,
die Gamuret umschloss,
als Herzeleids Entbrennen
ihn sengend überfloss:
Die Leib und Leben
einst dir gegeben,
der Tod und Torheit weichen muss,
sie beut
dir heut
als Muttersegens letzten Gruß
der Liebe – ersten Kuss.
Sie hat ihr Haupt völlig über das seinige geneigt, und heftet nun ihre Lippen zu einem langen Kusse auf seinen Mund.
PARSIFAL *fährt plötzlich mit einer Gebärde des höchsten Schreckens auf: Seine Haltung drückt eine furchtbare Veränderung aus; er stemmt seine Hände gewaltsam gegen sein Herz, wie um einen zerreißenden Schmerz zu bewältigen; endlich bricht er aus*
Amfortas! –
Die Wunde! – Die Wunde!
Sie brennt in meinem Herzen. –
Oh, Klage! Klage!
Furchtbare Klage!
Aus tiefstem Innern schreit sie mir auf.

Oh! – Oh!
Elender!
Jammervollster!
Die Wunde sah ich bluten:
Nun blutet sie mir selbst –
hier – hier!
Während Kundry in Schrecken und Verwunderung auf ihn hinstarrt, fährt Parsifal in gänzlicher Entrücktheit fort.
Nein, nein! Nicht ist es die Wunde:
Fließe ihr Blut in Strömen dahin!
Hier! Hier im Herzen der Brand!
Das Sehnen, das furchtbare Sehnen,
das alle Sinne mir fasst und zwingt!
Oh! – Qual der Liebe!
Wie alles schauert, bebt und zuckt
in sündigem Verlangen! …
Schauerlich leise
Es starrt der Blick dumpf auf das Heilsgefäß:
Das heilige Blut erglüht;
Erlösungswonne, göttlich mild,
durchzittert weithin alle Seelen:
Nur hier, im Herzen, will die Qual nicht weichen.
Des Heilands Klage da vernehm ich,
die Klage, ach! die Klage
um das verrat'ne Heiligtum:
„Erlöse, rette mich
aus schuldbefleckten Händen!"
So – rief die Gottesklage
furchtbar laut mir in die Seele.
Und ich? Der Tor, der Feige!
Zu wilden Knabentaten floh ich hin!
Er stürzt verzweiflungsvoll auf die Knie.
Erlöser! Heiland! Herr der Huld!
Wie büß' ich Sünder solche Schuld?
KUNDRY *deren Erstaunen in leidenschaftliche Bewun-*

derung übergeht, sucht schüchtern sich Parsifal zu nähern
    Gelobter Held! Entflieh dem Wahn!
    Blick auf! Sei hold der Huldin Nahn!
PARSIFAL *immer in gebeugter Stellung, starr zu Kundry aufblickend, während diese sich zu ihm neigt und die liebkosenden Bewegungen ausführt, die er mit dem Folgenden bezeichnet*
    Ja! Diese Stimme! So rief sie ihm;
    und diesen Blick, deutlich erkenn' ich ihn –
    auch diesen, der ihm so friedlos lachte.
    Die Lippe – ja – so zuckte sie ihm:
    So neigte sich der Nacken –
    so hob sich kühn das Haupt;
    so flatterten lachend die Locken,
    so schlang um den Hals sich der Arm –
    so schmeichelte weich die Wange –!
    Mit aller Schmerzen Qual im Bund,
    das Heil der Seele
    entküsste ihm ihr Mund!
    Ha! – dieser Kuss!
Er hat sich mit dem Letzten allmählich erhoben, springt jetzt vollends auf, und stößt Kundry heftig von sich.
    Verderberin! Weiche von mir!
    Ewig – ewig – von mir!
KUNDRY *in höchster Leidenschaft*
    Grausamer! – Ha! –
    Fühlst du im Herzen
    nur anderer Schmerzen,
    so fühle jetzt auch die meinen.
    Bist du Erlöser,
    was bannt dich, Böser,
    nicht mir auch zum Heil dich zu einen?
    Seit Ewigkeiten – harre ich deiner,
    des Heilands, ach! so spät,
    den einst ich kühn verschmäht. –

Oh!
Kenntest du den Fluch,
der mich durch Schlaf und Wachen,
durch Tod und Leben,
Pein und Lachen,
zu neuem Leiden neu gestählt,
endlos durch das Dasein quält!
Ich sah – Ihn – Ihn –
und – lachte ...
da traf mich sein Blick. –
Nun such' ich ihn von Welt zu Welt,
ihm wieder zu begegnen:
In höchster Not –
wähn' ich sein Auge schon nah,
den Blick schon auf mir ruhn:
Da kehrt mir das verfluchte Lachen wieder –
ein Sünder sinkt mir in die Arme!
Da lach' ich – lache –,
kann nicht weinen:
Nur schreien, wüten,
toben, rasen
in stets erneuten Wahnsinns Nacht –
aus der ich büßend kaum erwacht. –
Den ich ersehnt in Todesschmachten,
den ich erkannt, den blöd Verlachten,
lass mich an seinem Busen weinen,
nur eine Stunde dir vereinen,
und, ob mich Gott und Welt verstößt!
in dir entsündigt sein und erlöst!

PARSIFAL

In Ewigkeit
wärst du verdammt mit mir
für eine Stunde
Vergessens meiner Sendung,
in deines Arms Umfangen!
Auch dir bin ich zum Heil gesandt,

bleibst du dem Sehnen abgewandt.
Die Labung, die dein Leiden endet,
beut nicht der Quell, aus dem es fließt:
Das Heil wird nimmer dir gespendet,
wenn jener Quell sich dir nicht schließt.
Ein andrer ist's – ein andrer, ach!
nach dem ich jammernd schmachtend sah,
die Brüder dort in grausen Nöten
den Leib sich quälen und ertöten.
Doch wer erkennt ihn klar und hell,
des einz'gen Heiles wahren Quell?
Oh, Elend! Aller Rettung Flucht!
Oh, Weltenwahns Umnachten:
In höchsten Heiles heißer Sucht
nach der Verdammnis Quell zu schmachten!

KUNDRY

So war es mein Kuss,
der Welt-hellsichtig dich machte?
Mein volles Liebes-Umfangen
lässt dich dann Gottheit erlangen!
Die Welt erlöse, ist dies dein Amt:
Schuf dich zum Gott die Stunde,
für sie lasse mich ewig verdammt,
nie heile mir die Wunde.

PARSIFAL

Erlösung, Frevlerin, biet' ich auch dir.

KUNDRY

Lass mich dich Göttlichen lieben,
Erlösung gabst du dann mir.

PARSIFAL

Lieb' und Erlösung soll dir lohnen,
zeigest du
zu Amfortas mir den Weg.

KUNDRY *in Wut ausbrechend*

Nie – sollst du ihn finden!
Den Verfallnen, lass ihn verderben –

    den Unseligen, Schmach-lüsternen,
    den ich verlachte – lachte – lachte!
    Haha! Ihn traf ja der eigne Speer?
PARSIFAL
    Wer durft' ihn verwunden mit heil'ger Wehr?
KUNDRY
    Er – Er –,
    der einst mein Lachen bestraft:
    Sein Fluch – ha! – mir gibt er Kraft;
    gegen dich selbst ruf ich die Wehr,
    gibst du dem Sünder des Mitleids Ehr'!
    Ha! Wahnsinn!
    Mitleid! Mitleid mit mir!
    Nur eine Stunde mein –
    nur eine Stunde dein –:
    Und des Weges –
    sollst du geleitet sein!

Sie will ihn umarmen. Er stößt sie heftig von sich.

PARSIFAL
    Vergeh, unseliges Weib!
KUNDRY *zerschlägt sich die Brust, und ruft in wildem Rasen*
    Hilfe! Hilfe! Herbei!
    Haltet den Frechen! Herbei!
    Wehrt ihm die Wege!
    Wehrt ihm die Pfade!
    Und flöhst du von hier, und fändest
    alle Wege der Welt,
    den Weg, den du suchst,
    des Pfade sollst du nicht finden!
    Denn Pfad und Wege,
    die mir dich entführen,
    so verwünsch' ich sie dir:
    Irre! Irre –
    mir so vertraut –
    dich weih' ich ihm zum Geleit!

Klingsor ist auf der Burgmauer herausgetreten; die Mädchen stürzen ebenfalls aus dem Schlosse und wollen auf Kundry zueilen.
KLINGSOR *eine Lanze schwingend*
  Halt da! Dich bann ich mit der rechten Wehr:
  Den Toren stell' mir seines Meisters Speer!
Er schleudert auf Parsifal den Speer, welcher über dessen Haupte schweben bleibt; Parsifal erfasst ihn mit der Hand und schwingt ihn, mit einer Gebärde höchster Entzückung, die Gestalt des Kreuzes bezeichnend.
PARSIFAL
  Mit diesem Zeichen bann ich deinen Zauber:
  Wie die Wunde er schließe,
  die mit ihm du schlugest –
  in Trauer und Trümmer
  stürze die trügende Pracht!
Wie durch ein Erdbeben versinkt das Schloss; der Garten verdorrt zur Einöde: Die Mädchen liegen als verwelkte Blumen am Boden umher gestreut. – Kundry ist schreiend zusammen gesunken. Zu ihr wendet sich noch einmal, von der Höhe einer Mauertrümmer herab, der enteilende.
PARSIFAL
  Du weißt –
  wo einzig du mich wiedersiehst!
Er verschwindet. Der Vorhang schließt sich schnell.

Dritter Aufzug

Im Gebiete des Grales.

Freie, anmutige Frühlingsgegend mit nach dem Hintergrunde zu sanftansteigender Blumenaue. Den Vordergrund nimmt der Saum des Waldes ein, der sich nach rechts zu ausdehnt. Im Vordergrunde, an der Waldseite

ein Quell; ihm gegenüber, etwas tiefer, eine schlichte Einsiedlerhütte, an einen Felsen gelehnt. Frühester Morgen. Gurnemanz, zum hohen Greise gealtert, als Einsiedler, nur in das Hemd des Gralsritters dürftig gekleidet, tritt aus der Hütte und lauscht.
GURNEMANZ
Von dorther kam das Stöhnen. –
So jammervoll klagt kein Wild,
und gewiss gar nicht am heiligsten Morgen heut. –
Mich dünkt, ich kenne diesen Klageruf?
Ein dumpfes Stöhnen, wie von einer im tiefen Schlafe durch Träume Geängstigten, wird vernommen – Gurnemanz schreitet entschlossen einer Dornenhecke auf der Seite zu: Diese ist gänzlich überwachsen; er reißt mit Gewalt das Gestrüpp auseinander: Dann hält er plötzlich an.
Ha! Sie – wieder da?
Das winterlich raue Gedörn
hielt sie verdeckt: Wie lang schon?
Auf! – Kundry! – Auf!
Der Winter floh, und Lenz ist da!
Erwach, erwache dem Lenz!
kalt – und starr!
Diesmal hielt' ich sie wohl für tot: –
Doch war's ihr Stöhnen, was ich vernahm!
Er zieht Kundry, ganz erstarrt und leblos, aus dem Gebüsche hervor, trägt sie auf einen nahen Rasenhügel, reibt ihr stark die Hände und Schläfe, haucht sie an, und bemüht sich in allem, um die Erstarrung weichen zu machen. Endlich erwacht sie. Sie ist, gänzlich wie im ersten Aufzuge, im wilden Gewande der Gralsbotin: Nur ist ihre Gesichtsfarbe bleicher, aus Miene und Haltung ist die Wildheit gewichen. – Sie starrt lange Gurnemanz an. Dann erhebt sie sich, ordnet sich Kleidung und Haar, und geht sofort wie eine Magd an die Bedienung.
Du tolles Weib!
Hast du kein Wort für mich?

Ist dies der Dank,
dass dem Todesschlafe
noch einmal ich dich entweckt?

KUNDRY *neigt langsam das Haupt; dann bringt sie, rau und abgebrochen, hervor*
Dienen ... dienen!

GURNEMANZ *schüttelt den Kopf*
Das wird dich wenig mühn!
Auf Botschaft sendet sich's nicht mehr:
Kräuter und Wurzeln
findet ein jeder sich selbst,
wir lernten's im Walde vom Tier.

KUNDRY *hat sich während dem umgesehen, gewahrt die Hütte und geht hinein.*

GURNEMANZ *verwundert ihr nachblickend*
Wie anders schreitet sie als sonst!
Wirkte das der heilige Tag?
Oh! Tag der Gnade ohne Gleichen!
Gewiss zu ihrem Heile
durft' ich der Armen heut
den Todesschlaf verscheuchen.

KUNDRY *kommt wieder aus der Hütte; sie trägt einen Wasserkrug und geht damit zum Quelle. Während sie auf die Füllung wartet, blickt sie in den Wald, und bemerkt dort in der Ferne einen Kommenden; sie wendet sich zu Gurnemanz, um ihn darauf hinzudeuten.*

GURNEMANZ *in den Wald spähend*
Wer nahet dort dem heiligen Quell?
Im düstren Waffenschmucke,
das ist der Brüder keiner.

KUNDRY *entfernt sich mit dem gefüllten Kruge langsam nach der Hütte, in welcher sie sich zu schaffen macht. – Gurnemanz tritt staunend etwas beiseite, um den Ankommenden zu beobachten. – Parsifal tritt aus dem Walde auf. Er ist ganz in schwarzer Waffenrüstung: Mit geschlossenem Helme und gesenktem Speer, schreitet er,*

gebeugten Hauptes, träumerisch zögernd, langsam daher, und setzt sich auf dem kleinen Rasenhügel am Quelle nieder.
GURNEMANZ *betrachtet ihn lange, und tritt dann etwas näher*
 Heil dir, mein Gast!
 Bist du verirrt, und soll ich dich weisen?
PARSIFAL *schüttelt sanft das Haupt.*
GURNEMANZ
 Entbietest du mir keinen Gruß?
PARSIFAL *neigt das Haupt.*
GURNEMANZ
 Hei! – Was?
 Wenn dein Gelübde
 dich bindet mir zu schweigen,
 so mahnt das meine mich,
 dass ich dir sage, was sich ziemt. –
 Hier bist du an geweihtem Ort:
 Da zieht man nicht mit Waffen her,
 geschloss'nen Helmes, Schild und Speer.
 Und heute gar! Weißt du denn nicht,
 welch heil'ger Tag heut ist?
PARSIFAL *schüttelt mit dem Kopfe.*
GURNEMANZ
 Ja! Woher kommst du denn?
 Bei welchen Heiden weiltest du,
 zu wissen nicht, dass heute
 der allerheiligste Kar-Freitag sei?
PARSIFAL *senkt das Haupt noch tiefer.*
GURNEMANZ
 Schnell ab die Waffen!
 Kränke nicht den Herrn, der heute,
 bar jeder Wehr, sein heilig Blut
 der sündigen Welt zur Sühne bot!
PARSIFAL *erhebt sich, nach einem abermaligen Schweigen, stößt den Speer vor sich in den Boden, legt Schild*

und Schwert davor nieder, öffnet den Helm, nimmt ihn vom Haupte und legt ihn zu den anderen Waffen, worauf er dann zu stummem Gebete vor dem Speer niederkniet. Gurnemanz betrachtet ihn mit Erstaunen und Rührung. Er winkt Kundry herbei, welche soeben aus der Hütte getreten ist. – Parsifal erhebt jetzt in brünstigem Gebete seinen Blick andachtvoll zu der Lanzenspitze auf.

GURNEMANZ *leise zu Kundry*
    Erkennst du ihn?
    Der ist's, der einst den Schwan erlegt.
    Kundry bestätigt mit einem leisen Kopfnicken.
    Gewiss, 's ist er!
    Der Tor, den ich zürnend von uns wies?
    Ha! Welche Pfade fand er?
    Der Speer – ich kenne ihn.
    in großer Ergriffenheit
    Oh! – Heiligster Tag,
    zu dem ich heut erwachen sollt'!

KUNDRY *hat ihr Gesicht abgewendet.*

PARSIFAL *erhebt sich langsam vom Gebete, blickt ruhig um sich, erkennt Gurnemanz und reicht diesem sanft die Hand zum Gruß*
    Heil mir, dass ich dich wieder finde!

GURNEMANZ
    So kennst auch du mich noch?
    Erkennst mich wieder,
    den Gram und Not so tief gebeugt?
    Wie kamst du heut? Woher?

PARSIFAL
    Der Irrnis und der Leiden Pfade kam ich;
    soll ich mich denen jetzt entwunden wähnen,
    da dieses Waldes Rauschen
    wieder ich vernehme,
    dich guten Alten neu begrüße?
    Oder – irr' ich wieder?
    Verwandelt dünkt mich alles.

GURNEMANZ
>   So sag, zu wem den Weg du suchtest?

PARSIFAL
>   Zu ihm, des tiefe Klagen
>   ich törig staunend einst vernahm,
>   dem nun ich Heil zu bringen
>   mich auserlesen wähnen darf.
>   Doch – ach!
>   den Weg des Heiles nie zu finden,
>   in pfadlosen Irren
>   jagt' ein wilder Fluch mich umher:
>   Zahllose Nöten,
>   Kämpfe und Streite
>   zwangen mich ab vom Pfade,
>   wähnt' ich ihn recht schon erkannt.
>   Da musste Verzweiflung mich fassen,
>   das Heiltum heil mir zu bergen,
>   um das zu hüten, das zu wahren
>   ich Wunden jeder Wehr mir gewann.
>   Denn nicht ihn selber
>   durft' ich führen im Streite;
>   unentweiht
>   führt' ich ihn mir zur Seite,
>   den ich nun heimgeleite,
>   der dort dir schimmert heil und hehr –
>   des Grales heil'gen Speer.

GURNEMANZ
>   O Gnade! Höchstes Heil!
>   O Wunder! Heilig hehrstes Wunder!

Nachdem er sich etwas gefasst
>   O Herr! War es ein Fluch,
>   der dich vom rechten Pfad vertrieb,
>   so glaub, er ist gewichen.
>   Hier bist du; dies des Grals Gebiet,
>   dein' harret seine Ritterschaft.
>   Ach, sie bedarf des Heiles,

des Heiles, das du bringst!
Seit jenem Tage, den du hier geweilt,
die Trauer, so da kund dir ward,
das Bangen – wuchs zur höchsten Not.
Amfortas, gegen seiner Wunde,
seiner Seele Qual sich wehrend,
begehrt' in wildem Trotze nun den Tod:
Kein Fleh'n, kein Elend seiner Ritter
bewog ihn mehr des heil'gen Amts zu walten,
im Schrein verschlossen bleibt seit lang' der Gral:
So hofft sein sündenreu'ger Hüter,
da er nicht sterben kann
wann je er ihn erschaut,
sein Ende zu erzwingen,
und mit dem Leben seine Qual zu enden.
Die heil'ge Speisung bleibt uns nun versagt,
gemeine Atzung muss uns nähren;
darob versiechte unsrer Helden Kraft:
Nie kommt uns Botschaft mehr,
noch Ruf zu heil'gen Kämpfen aus der Ferne;
bleich und elend wankt umher
die mut- und führerlose Ritterschaft.
Hier in der Waldeck' barg ich einsam mich,
des Todes still gewärtig,
dem schon mein alter Waffenherr verfiel,
denn Titurel, mein heil'ger Held,
den nun des Grales Anblick nicht mehr labte,
er starb – ein Mensch wie alle!

PARSIFAL *vor großem Schmerz sich aufbäumend*
Und ich – ich bin's,
der all dies Elend schuf!
Ha! Welcher Sünden,
welcher Frevel Schuld
muss dieses Toren-Haupt
seit Ewigkeit belasten,
da keine Buße, keine Sühne

der Blindheit mich entwindet,
mir, selbst zur Rettung auserkoren,
in Irrnis wild verloren
der Rettung letzter Pfad verschwindet!
Er droht ohnmächtig umzusinken. Gurnemanz hält ihn aufrecht, und senkt ihn zum Sitze auf den Rasenhügel nieder. – Kundry hat ein Becken mit Wasser herbeigeholt, um Parsifal zu besprengen.
GURNEMANZ *Kundry abweisend*
Nicht doch!
Die heil'ge Quelle selbst
erquicke unsres Pilgers Bad.
Mir ahnt, ein hohes Werk
hat er noch heut zu wirken,
zu walten eines heil'gen Amtes:
So sei er fleckenrein,
und langer Irrfahrt Staub
soll jetzt von ihm gewaschen sein.
Parsifal wird von den beiden sanft zum Rande des Quelles gewendet. Während Kundry ihm die Beinschienen löset und dann die Füße badet, Gurnemanz ihm aber den Brustharnisch entnimmt, frägt.
PARSIFAL *sanft und matt*
Werd' heut ich zu Amfortas noch geleitet?
GURNEMANZ *während der Beschäftigung*
Gewisslich, unsrer harrt die hehre Burg;
die Totenfeier meines lieben Herrn,
sie ruft mich selbst dahin.
Den Gral noch einmal uns da zu enthüllen,
des lang versäumten Amtes
noch einmal heut zu walten –
zur Heiligung des hehren Vaters,
der seines Sohnes Schuld erlag,
die der nun also büßen will –
gelobt' Amfortas uns.

PARSIFAL *mit Verwunderung Kundry zusehend*
 Du wuschest mir die Füße:
 Nun netze mir das Haupt der Freund.
GURNEMANZ *mit der Hand aus dem Quell schöpfend und Parsifals Haupt besprengend*
 Gesegnet sei, du Reiner, durch das Reine!
 So weiche jeder Schuld
 Bekümmernis von dir!
Während dem hat Kundry ein goldenes Fläschchen aus dem Busen gezogen. und von seinem Inhalte auf Parsifals Füße ausgegossen, jetzt trocknet sie diese mit ihren schnell aufgelösten Haaren.
PARSIFAL *nimmt ihr das Fläschchen ab*
 Salbtest du mir auch die Füße,
 das Haupt nun salbe Titurels Genoss',
 dass heute noch als König er mich grüße.
GURNEMANZ *schüttelt das Fläschchen vollends auf Parsifals Haupt aus, reibt dieses sanft, und faltet dann die Hände darüber*
 So ward es uns verhießen,
 so segne ich dein Haupt,
 als König dich zu grüßen.
 Du – Reiner –
 mitleidvoll Duldender,
 heiltatvoll Wissender!
 Wie des Erlösten Leiden du gelitten,
 die letzte Last entnimm nun seinem Haupt.
PARSIFAL *schöpft unvermerkt Wasser aus der Quelle, neigt sich zu der vor ihm noch knienden Kundry, und netzt ihr das Haupt*
 Mein erstes Amt verricht' ich so:
 Die Taufe nimm,
 und glaub an den Erlöser!
KUNDRY *senkt das Haupt tief zur Erde und scheint heftig zu weinen*

PARSIFAL *wendet sich um, und blickt mit sanfter Entzückung auf Wald und Wiese*
>Wie dünkt mich doch die Aue heut so schön!
>Wohl traf ich Wunderblumen an,
>die bis zum Haupte süchtig mich umrankten;
>doch sah ich nie so mild und zart
>die Halmen, Blüten und Blumen,
>noch duftete all so kindisch hold
>und sprach so lieblich traut zu mir?

GURNEMANZ
>Das ist Kar-Freitags-Zauber, Herr!

PARSIFAL
>O weh, des höchsten Schmerzentags!
>Da sollte, wähn' ich, was da blüht,
>was atmet, lebt und wieder lebt,
>nur trauern, ach! und weinen?

GURNEMANZ
>Du siehst, das ist nicht so.
>Des Sünders Reuetränen sind es,
>die heut mit heil'gem Tau
>beträufet Flur und Au:
>Der ließ sie so gedeihen.
>Nun freut sich alle Kreatur
>auf des Erlösers holder Spur,
>will ihr Gebet ihm weihen.
>Ihn selbst am Kreuze kann sie nicht erschauen:
>Da blickt sie zum erlösten Menschen auf;
>der fühlt sich frei von Sünden-Angst und Grauen,
>durch Gottes Liebesopfer rein und heil:
>Das merkt nun Halm und Blume aus den Auen,
>dass heut des Menschen Fuß sie nicht zertritt,
>doch wohl, wie Gott mit himmlischer Geduld
>sich sein' erbarmt und für ihn litt,
>der Mensch auch heut in frommer Huld
>sie schont mit sanftem Schritt.
>Das dankt dann alle Kreatur,

was all' da blüht und bald erstirbt,
da die entsündigte Natur
heut ihren Unschulds-Tag erwirbt.
KUNDRY *hat langsam wieder das Haupt erhoben, und blickt, feuchten Auges, ernst und ruhig bittend zu Parsifal auf.*
PARSIFAL
Ich sah sie welken, die mir lachten:
Ob heut sie nach Erlösung schmachten?
Auch deine Träne wird zum Segenstaue:
Du weinest – sieh! es lacht die Aue.
Er küsst sie sanft auf die Stirne.
Fernes Glockengeläute, sehr allmählich anschwellend.
GURNEMANZ
Mittag. –
Die Stund ist da:
Gestatte, Herr, dass dich dein Knecht geleite!
Gurnemanz hat Waffenrock und Mantel des Gralsritters herbeigeholt; er und Kundry bekleiden Parsifal damit. Die Gegend verwandelt sich sehr allmählich, ähnlicherweise wie im ersten Aufzuge, nur von rechts nach links. Parsifal ergreift feierlich den Speer und folgt mit Kundry langsam dem geleitenden Gurnemanz. – Nachdem der Wald gänzlich verschwunden ist, und Felsentore sich aufgetan haben, in welchen die drei unsichtbar geworden sind, gewahrt man, bei fortdauernd anwachsendem Geläute, in gewölbten Gängen Züge von Rittern in Trauergewändern. – Endlich stellt sich der ganze große Saal, wie im ersten Aufzuge (nur ohne die Speisetafeln) wieder dar. Düstere Beleuchtung. Die Türen öffnen sich wieder. Von einer Seite ziehen die Ritter, Titurels Leiche im Sarge geleitend, herein. Auf der andern Seite wird Amfortas im Siechbette, vor ihm der verhüllte Schrein mit dem „Grale" getragen. In der Mitte ist der Katafalk errichtet, dahinter der Hochsitz mit dem Baldachin, auf welchen Amfortas wieder niedergelassen wird.

Gesang der RITTER während des Einzuges.
ERSTER ZUG *mit dem „Gral" und* AMFORTAS.
> Geleiten wir im bergenden Schrein
> den Gral zum heiligen Amte,
> wen berget ihr im düstren Schrein
> und führt ihn trauernd daher?

ZWEITER ZUG *mit Titurels Sarg*
> Es birgt den Helden der Trauerschrein,
> er birgt die heilige Kraft;
> der Gott selbst einst zur Pflege sich gab:
> Titurel führen wir her.

ERSTER ZUG
> Wer hat ihn gefällt, der in Gottes Hut
> Gott selbst einst beschirmte?

ZWEITER ZUG
> Ihn fällte des Alters tötende Last,
> da den Gral er nicht mehr erschaute.

ERSTER ZUG
> Wer wehrt' ihm des Grales Huld zu erschauen?

ZWEITER ZUG
> Den dort ihr geleitet, der sündige Hüter.

ERSTER ZUG
> Wir geleiten ihn heut, denn heut noch einmal
> – zum letzten Male!
> will des Amtes er walten.

ZWEITER ZUG
> Wehe! Wehe! Du Hüter des Heils!
> Zum letzten Male
> sei deines Amts gemahnt!

Der Sarg ist auf dem Katafalk nieder gesetzt, Amfortas auf das Ruhebett gelegt.
AMFORTAS
> Ja, Wehe! Wehe! Weh über mich!
> So ruf ich willig mit euch:
> Williger nähm' ich von euch den Tod,
> der Sünde mildeste Sühne!

Der Sarg ist geöffnet worden. Beim Anblick der Leiche Titurels bricht alles in einen jähen Wehruf aus.
AMFORTAS *von seinem Lager sich hoch aufrichtend, zu der Leiche gewandt*
    Mein Vater!
    Hochgesegneter der Helden!
    Du Reinster, dem einst die Engel sich neigten:
    Der einzig ich sterben wollte,
    dir – gab ich den Tod!
    Oh! Der du jetzt in göttlichem Glanz
    den Erlöser selbst erschaust,
    erflehe von ihm, das sein heiliges Blut,
    wenn noch einmal jetzt sein Segen
    die Brüder soll erquicken,
    wie ihnen neues Leben,
    mir endlich spende – den Tod!
    Tod! Sterben!
    Einzige Gnade!
    Die schreckliche Wunde, das Gift ersterbe,
    das es zernagt, erstarre das Herz!
    Mein Vater! Dich – ruf' ich,
    rufe du ihm es zu:
    Erlöser, gib meinem Sohne Ruh!
DIE RITTER *sich näher an* AMFORTAS *drängend, durcheinander*
    Enthüllet den Schrein!
    Walte des Amtes!
    Dich mahnet der Vater:
    du musst, du musst!
AMFORTAS *in wütender Verzweiflung aufbringend, und unter die zurückweichenden Ritter sich stürzend*
    Nein – nicht mehr! Ha!
    Schon fühl' ich den Tod mich umnachten –
    und noch einmal sollt' ich ins Leben zurück?
    Wahnsinnige!

Wer will mich zwingen zu leben?
Könnt ihr doch Tod nur mir geben!
Er reißt sich das Gewand auf.
Hier bin ich – die offne Wunde hier!
Das mich vergiftet, hier fließt mein Blut,
Heraus die Waffe! Taucht eure Schwerte
tief – tief hinein, bis ans Heft!
Ihr Helden, auf!
Tötet den Sünder mit seiner Qual,
von selbst dann leuchtet euch wohl der Gral!
Alle sind scheu vor ihm gewichen. Amfortas steht, in furchtbarer Ekstase, einsam. – Parsifal ist, von Gurnemanz und Kundry begleitet, unvermerkt unter den Rittern erschienen, tritt jetzt hervor, und streckt den Speer aus, mit dessen Spitze er Amfortas' Seite berührt.
PARSIFAL
Nur eine Waffe taugt:
Die Wunde schließt
der Speer nur, der sie schlug.
AMFORTAS' *Miene leuchtet in heiliger Entzückung auf; er scheint vor großer Ergriffenheit zu schwanken; Gurnemanz stützt ihn.*
PARSIFAL
Sei heil, entsündigt und gesühnt!
Denn ich verwalte nun dein Amt.
Gesegnet sei dein Leiden,
das Mitleids höchste Kraft
und reinsten Wissens Macht
dem zagen Toren gab.
Den heil'gen Speer –
ich bring' ihn euch zurück.
Alles blickt in höchster Entzückung auf den empor gehaltenen Speer, zu dessen Spitze aufschauend Parsifal in Begeisterung fortfährt.
Oh! Welchen Wunders höchstes Glück!
Die deine Wunde durfte schließen,

ihr seh ich heil'ges Blut entfließen
in Sehnsucht dem verwandten Quelle,
der dort fließt in des Grales Welle!
Nicht soll er mehr verschlossen sein:
Enthüllt den Gral! Öffnet den Schrein!

Die Knaben öffnen den Schrein: Parsifal entnimmt diesem den „Gral", und versenkt sich, unter stummem Gebete, in seinen Anblick. Der „Gral" erglüht: Eine Glorienbeleuchtung ergießt sich über alle. Titurel, für diesen Augenblick wieder belebt, erhebt sich segnend im Sarge. – Aus der Kuppel schwebt eine weiße Taube herab und verweilt über Parsifals Haupte. Dieser schwenkt den „Gral" sanft vor der aufblickenden Ritterschaft. – Kundry sinkt, mit dem Blicke zu ihm auf, langsam vor Parsifal entseelt zu Boden. Amfortas und Gurnemanz huldigen kniend Parsifal.

ALLE *mit Stimmen aus der mittleren, so wie der obersten Höhe, kaum hörbar leise*
Höchsten Heiles Wunder:
Erlösung dem Erlöser!

Der Vorhang schließt sich.

Peter Steinacker

Durch Mitleid wissend der reine Tor
Religion in Wagners *Parsifal*

„*H*öchsten Heiles Wunder", „Erlösung dem Erlöser!". Mit dem „hellsten Erglühen des Grals" und der weißen Taube, die aus der Kuppel herabschwebt und über Parsifals Haupt verweilt, mit Kundrys entseeltem Zu-Boden-Sinken und Amfortas und Gurnemanz, die kniend Parsifal huldigen, der den Gral segnend über die anbetende Ritterschaft schwingt, so endet – zumindest laut Regieanweisung – Wagners *Parsifal*. Ergriffen und berührt vom unvergleichlichen Zauber dieser Musik haben viele Festspielgäste am 26. Juli 1882 dieses „Bühnenweihfestspiel" erlebt. In den Schlusstakten sind alle musikalischen Themen und alle inhaltlichen Problemstellungen noch einmal versammelt in Parsifals Gesang „Welchen Wunders höchstes Glück!". Es ist in der Musik noch einmal vom unendlichen Leid zu hören, das über der Welt und allem Dasein liegt, von Sünde und blutender Wunde, Grund und Ausdruck tiefster Verletzung und Lebensgier und ihrer nun endlich sühnenden Heilung. Es wird gesungen vom Toren, dem die höchste Kraft des Mitleids und „reinsten Wissens Macht" durch die Offenbarung des Leidens und seiner Ursache des vordem unheilbaren Gralskönig Amfortas widerfuhr. Es werden Füße gewaschen, eine Heidin wird getauft, Glocken klingen, ein königlicher Priester wird gesalbt. Und schließlich kann die Vermittlungsquelle des Heils, der Gral, wieder enthüllt, sein Schrein geöffnet werden und damit der Ritterorden vor dem endgültigen Verfall bewahrt und reformiert werden. Denn: Es ist vollbracht! Der aus Mitleid wissend gewordene reine Tor hat sich zum Erlöser entwickelt. Man wird musikalisch hineingenommen in den nicht enden wollenden Gesang aus der Kuppel „Erlösung dem Erlöser". Mit allen Sinnen und Gefühlen und aller Erkenntnisfähigkeit, über die wir Menschen überhaupt verfügen, können wir den Schluss des *Parsifal* nicht einfach nur sehen, sondern seiner teilhaftig werden, so dass mit dem Bühnenvorhang, der langsam geschlossen wird (Regieanweisung), sich zugleich die Welt neu öffnet. Denn uns wurde ein erschütternder und erhabener Einblick in ihre transzendente Tiefe und ihr Geheimnis vermittelt. So können wir uns neu und gestärkt in der Gewissheit der möglichen Erlösung dem Alltag hingeben. Für alles Weh der Welt und für ihren Lebensdurst ist eine Lösung da, selbst für den Tod, die Fest und Alltag heiligt. Denn in diesem Drama sind wir „Wissende geworden durch das Gefühl", wie Wagner es in *Oper und Drama* formuliert hatte. Wenn das keine religiösen Handlungen sind, wie manche meinen, dann gibt es so etwas wie Religion überhaupt nicht in den kulturellen Ausdrucksmöglichkeiten des menschlichen Selbstverständnisses. Es geht um Religion im „Parsifal".

Aber „es gibt ein altes Unbehagen am Parsifal". Nike Wagner und viele andere mit ihr haben recht. Worin besteht es? Es kreist, wenn auch noch etwas oberflächlich gesehen, nach wie vor „um die Doppelbestimmung des Werkes: Es ist Bühnen- und Weihfestspiel zugleich, Musikdrama von unbezweifelbarer Autonomie, aber auch religiöses Werk, christliches Passionsspiel. Keiner weiß, ob wir die Religion als Schauspiel erleben oder das Schauspiel einer Religion." Irgendetwas stört bei Wagner, wenn Religion auf der Bühne erscheint, ganz anders als beispielsweise bei Verdi. Es ist diese Uneindeutigkeit, die den Umgang mit Wagners *Parsifal* gerade für

Christen nicht ganz einfach macht. Meine These nun lautet: Der *Parsifal* ist das ästhetische Zentrum in Wagners Konzeption einer neuen Religion zur Rettung der Religion überhaupt, die durch inneren Zerfall und durch die allgemeine Dekadenz des Menschengeschlechts in eine elementare Krise geraten ist. In seiner Schrift *Religion und Kunst* und in den sogenannten *Regenerationsschriften* hatte er sich dazu entschlossen.

Religionen übersetzen ihren Gehalt in Riten, Kulte und Mythen, niedergelegt in den heiligen Schriften oder der mündlichen Tradition und, sofern sie selbstreflexiv werden, in Dogmatik bzw. Theologie. Sie leben alle vom Hervortreten einer Gottheit oder ihrer funktionalen Äquivalente. So kennt z. B. der Theravāda-Buddhismus keinen Gottesbegriff. Jedoch tritt an seine Stelle der Heilsweg der *bodhi*, die Erleuchtung über die Ursachen des Leides und der Befreiung davon. Dieses Hervortreten einer Gottheit setzt die entscheidende Konstellation des Weltverhältnisses des Menschen in Gang, so dass von dieser Grunderfahrung aus sich die Welt für die Einsicht in ihre Schuldverfallenheit und die Erlösung von ihr öffnet. Mit Wagners Worten: In solcher Erfahrung der Gottheit werden die Menschen „welthellsichtig". Von dieser Kernerfahrung einer Religion kann und muss erzählt werden können, um anderen die analoge Erfahrung zu vermitteln oder die schon „Gläubigen", das heißt auf diesen Weg zum Heil vertrauenden Menschen in ihrem Glauben zu stärken durch die rituelle und kultische „Wiederholung" der Kernerfahrung. Von daher ordnet sich dann in den Religionen das sittliche Weltverhalten. Das heißt, wer eine Religion hat, hat auch immer eine Welt.

Im *Parsifal* ereignet sich das entscheidende, welterkennende und weltverändernde Hervortreten dieses Unbedingten in der Kuss-Szene des 2. Aufzugs. In den kultischen Handlungen des 1. und 3. Aufzugs vergegenwärtigt sich die Gemeinde auf der Bühne und im Theater den Gehalt, und im Vorspiel zum 1. Aufzug vollzieht sich die rituelle Initiation der Zuschauer. Sie werden aus der Befangenheit in Raum und Zeit gelöst und in das Reich der ewigen Ideen versetzt. Sie erfahren die Wagner'schen Einsetzungsworte als Ursprung einer Religion des freiwilligen Leidens und des Selbstopfers der Liebe, aber in einer gleichsam abstrakten, vorsprachlichen Form. Die Heilandsklage dagegen mit ihrer chromatischen Harmonik im *Tristan*-Stil zeigt uns Christus als den Menschen, der leidet, während im Abendmahls-Thema Christus als Gott erscheint, der ein Mysterium einsetzt. Wagner will mit der Heilandsklage „das Bangen, (den heiligen) Angstschweiß des Ölberges, das göttliche Schmerzen-Leiden des Golgatha" tief in das Gefühl seiner Zuhörerschaft einsenken. Die Heilandsklage wird schließlich in der Verwandlungsmusik des ersten Aktes zum „Schrei des leidenden Gottes". Gerade in diesen Stücken sakraler Musik verarbeitet Wagner die Tradition der geistlichen Musik des Christentums, vom Dresdner Amen über kirchenmusikalische Traditionen des Barock und Palestrinas. Dies zeigt, dass es Wagner in der Tat um die Erneuerung einer Religion geht.

Cosimas Tagebüchern kann man entnehmen, dass Wagner gerade an der Kuss-Szene des zweiten Aufzuges arbeitet, als er sich fasziniert von der Interpretation der Göttlichkeit Jesu durch Renan zu diesem Thema äußert. Renan interpretiert die Göttlichkeit Jesu als allegorische Zuschreibung seiner Anhänger ohne jeden Realitätsinhalt. „Dass Jesus selbst niemals daran gedacht hat, sich für eine Verkörperung Gottes auszugeben, ist nicht zu bezweifeln." Jesus zeige eben, dass Gott in allen wohne. „Diesen Gott, der in uns wohnt, nennt er (Wagner) das angeborene Gegengift gegen den Willen", bemerkt er zu Cosima. Der in den Menschen wohnende „Gott" Schopenhauers ist die personifizierte Liebe als Agape, die aus der Welt erlösend herausführt. Wenn sie sich im sündenlosen Jesus offenbart, dann offenbart sich auch in dem sanften Verzicht Jesu auf geschlechtliche Liebe und seiner ebenso sanften Zuwendung zu dem Menschen in ihm vorbildlich der Weg der Erlösung als der Verneinung des Willens zum Leben und der triebhaften Lebensgier. Weil Jesu Tod „die Tat des freiwilligen Leidens" krönt, ist seine Lehre nicht weise, sondern „göttlich", schreibt er in *Religion und Kunst*. Es „macht den Gott aus", die Wahrheit zu sehen und nicht mehr den Schein der Dinge. Jesu ist also ein „Heiliger" im Schopenhauer'schen Sinn. In ihm hat der Wille zum Leben sich welterlösend umgewendet, und daher lebt der Heiland in Askese und Mitleid in der als Schein erkannten Welt.

Mit diesem Jesusbild hat Wagner uner dem Eindruck Schopenhauers zur Zeit der Arbeit am *Parsifal* seine frühere Deutung der Christusgestalt entscheidend verändert. Hatte er früher Jesus als Künder der Menschheitsrevolution und Sozialrevolutionär verstanden, der vor den übermächtigen sozialen Verhältnissen kapituliert und sein Scheitern am Kreuz als Protest gegen eine lieblose Gesellschaft begreift, so ist der Christus der „Parsifal"-Zeit die symbolische Manifestation der Idee, dass Weltüberwindung und Weltentsagung das Ziel des freiwilligen Leidens und der Askese aus Mitleid ist. Nichts mehr findet sich im *Parsifal* vom „Erlöser der Armen". Philosophisch zeigt sich in der Jesulogie Wagners die radikale Abwendung von Feuerbachs Idealen und der durch Schopenhauer gewandelte Blick auf die Religion. Dieser Blick geht sehr deutlich weg von in Kunstwerken niedergelegten gesellschaftlichen Utopien.

Die theologische Freilegung des Kerns seiner neuen Religion ist allerdings methodisch paradox. Denn indem Wagner mit Hilfe der Leben-Jesu-Forschung versucht, den historischen Jesus unter seiner dogmatischen Übermalung zu finden, versucht er zugleich, in dieser historischen Person einer ewigen Idee ansichtig zu werden, die vorbildhaft zeigen soll, wie die zum Heil notwendige Umwendung des Willens gegen sich selber vollbracht werden kann. Ganz anders als noch in dem berühmten Brief an Röckel von 1854, der bestimmend wurde für die im *Ring* niedergelegte Weltanschauung, geht es ihm jetzt in der Tat im *Parsifal* um ein metaphysisches Prinzip. Somit ist die Figur Parsifal nichts anderes als die sinnliche Erscheinung dieser Idee.

Dieses Sichtbarwerden einer ewigen Idee wiederholt sich rituell in der Aufführung der „Klangreligion" des *Parsifal*. Das Ziel seiner Präsentation ist missionarisch im weitesten Sinn des Wortes, nämlich die Teilnehmer am Bühnenweihfestspiel in die Nachfolge der Idee zu rufen, sie darin zu bestärken und – wie man früher sagte – zuzurüsten. In diesem Sinn des Rufs in die Nachfolge ist die liturgische Mitte des *Parsifal* erreicht: Er ist musikdramatische Verkündigung. Wenn das Bühnenweihfestspiel aufgeführt wird, soll der von ihm auf die teilhabende Zuhörerschaft übergehende Frieden und die rituell wirkende und bewirkte Erlösung ihren Personkern treffen und zum Leben in Askese und Mitleid ermuntern und befähigen. Es geht um die rituelle „Gefühlswerdung des Verstandes".

Und so ging es in jenen ersten Tagen und Wochen des *Parsifal* von 1882 in Bayreuth durchaus darum, „über diesem wahrtraumhaften Abbilde (dem Parsifal, P.St.) die wirkliche Welt des Truges vergessen zu dürfen", schreibt Wagner nach den Festspielen seinen Mitwirkenden am 1. November 1882 aus Venedig. Den dazu Berufenen und dazu „durch das Schicksal Abgesonderten" erscheint dann gegen die alltägliche Erfahrung einer Welt voller Lug und Trug, Mord und Totschlag „das wahrhaftigste Abbild der Welt selbst als Erlösung weissagende Mahnung ihrer innersten Seele". [...]

Parsifal, der Mann, der mitleidsvoll den Gral rettete, bleibt zur Einsamkeit verurteilt. Damit aber stirbt aus christlicher Perspektive mit dem Mitleid auch die Freiheit, die ja die Grundbedingung der Askese ist. Sie degeneriert zur Notwenigkeit. Vielleicht ist aus diesem Grund die Figur des Parsifal so steif, ja zwanghaft, hat gar nichts von dem Jesus, den Wagner mit Ernest Renan und anderen liebte und dessen Leiden in der „Heilandsklage" so glaubwürdig zum Ausdruck gebracht wird. Dies wiederum liegt vielleicht daran, dass Wagner sich selbst vom Eros zur Agape wegzwingen wollte. So stirbt im *Parsifal* auch die Liebe, obwohl doch gerade sie gereinigt und verherrlicht werden soll in einer Religion, die die künstlich gewordene Religion des Christentums retten wollte. Vielleicht ist dieses Ende des erlösenden Parsifal in der Einsamkeit der letzte Rest von Wagners frühem Anarchismus, der nun völlig jeder gesellschaftlichen Kraft entkleidet und ohne irgendeine Form der Utopie ist. Einsamkeit gehört zu den Anarchisten und, wie wir gegenwärtig in anderen Weltgegenden, aber auch bei uns neu erfahren, macht sie gegen jeden moralischen Einwand im Grunde immun. Das ist ihre Stärke, aber wie man gerade heute immer wieder feststellt, auch ihre tiefste Schwäche.

Dennoch bleibe ich dabei, dass Wagner mit dem *Parsifal* wirklich eine neue Religion mit Ritus, Kultus und Mythos gründen wollte. Das vertiefen am Ende drei abschließende Beobachtungen:

Erstens: In allen Religionen erscheint der Mensch als das tief versehrte, in sich zerrissene Lebewesen. Auch im *Parsifal* entwirft Wagner ein Bild der Welt als Ergebnis des „Willen zum Leben", das sich als Leid, Schuld und Gespaltenheit in tiefer Verzweiflung darstellt.

Zweitens: Wagner erkennt mit Schopenhauer an, dass die Erkenntnis dieser Welt und der mögliche Rettungsweg dem Menschen von sich aus nicht zugänglich sind, sondern sich quasi von außen erschließen. Bei Schopenhauer war das so angelegt, dass der allmächtige Wille sich gegen sich selbst wenden muss. In solcher Wendung des Willens gegen sich selbst als Bewusstseinsvorgang des mit sich selbst entzweienden Willens ereignet sich dieser entscheidende Erkenntnisakt. Er ist im Grunde ein Produkt des Willens selber, der allein die Macht hat, sich gegen sich selbst zu wenden: „Nihil contra Deum, nisi Deus ipse", hat Goethe die Notwendigkeit genannt. Wagner verlegt den entscheidenden Weltwerdungsvorgang als Idee in das Ereignis am Kreuz von Golgatha. *Parsifal* zeigt den Weg in die Nachfolge, die vorbildhaft allen anderen nahegelegt wird, nämlich die moralische Verpflichtung zu Askese und Mitleid, analog zur Religion Jesu. Dieser Vorgang ist nun bei Wagner nicht nur ein Erkenntnisakt, sondern als „Gefühlswerdung des Verstandes" eine habituelle Aneignung. Sie betrifft den ganzen Menschen, weil jener Vorgang auf den Menschen mit metaphysischer Macht zukommt und den zerrissenen Menschen verwandelt. Die Verwandlung des Menschen durch die Götter ist in den Religionen das eigentümlich religiöse Element an ihnen selbst.

*D*rittens: Die erneuerte Religion im Sinn Wagners schafft sich in Bayreuth einen Ort, an dem, wie in den antiken Mysterien, die Menschen erneuert werden, um die Kontingenzen des Lebens bewältigen zu können und ihre müde gewordene Lebenswelt mit neuer Kraft auszustatten. Religion, auch Wagners Religion, muss sich, wie alle Religionen, in gewisser Weise organisieren, um ihre Funktion ausüben zu können. Von ihrem zentralen Kern gehen gemeinschaftsbildende Impulse aus. Die Organisation dieser Religion findet ihren liturgischen und quasi ekklesiologischen Höhepunkt in den Bayreuther Festspielen als rituellem Ort der Vergemeinschaftung der Idee.

*D*as alles sind freilich fast nur funktionale Bestimmungen dessen, was Religion sein kann. Aber um seine Arbeit durchzusetzen, die christliche Religion zu retten, verwendet Wagner Traditionssplitter der christlichen Religion, aber auch des Hinduismus, des Buddhismus und Splitter anderer Glaubensrichtungen, denen freilich die musikalische Grundlage fehlt, in ihren konfessionellen Verschiedenheiten. Aber alle Analogien zum Christentum und zu den anderen Religionen bleiben eben nur formale Analogien. Das Ziel Wagners ist eine Religion, in der alle konkreten Religionen konvergieren. *Parsifal* ist und bleibt Wagners Versuch, den Kern der christlichen Religion zu retten. Aber dieser von Wagner ausgemachte Kern ist nicht christlich. Das ist das entscheidende Missverständnis. Darum ist *Parsifal* kein christliches Kunstwerk. Das kann das Verhältnis der Christen zum *Parsifal* nur entspannen.

AVADENT CLINIC
DR. HENRICH & COLL.
BEI UNS STRAHLEN SIE SCHON VOR DER BEHANDLUNG

EIN STARKES TEAM FÜR IHR SCHÖNES LACHEN – EIN LEBEN LANG!

FESTE ZÄHNE AN EINEM TAG
Sofort belastbarer Zahnersatz mit dem All-on-4™-Konzept

Wir sind ein Team von hoch spezialisierten Ärzten und Zahnärzten, die zusammen alle Gebiete der Zahnheilkunde abdecken. An unseren Standorten Bad Homburg und Kronberg bieten wir Ihnen zahnmedizinische Behandlung auf hohem Niveau zu komfortablen Öffnungszeiten.

Unsere Philosophie: Exzellenz in Qualität, Herzlichkeit, Individualität, Wissen und Kreativität für unsere Patienten

Um Patienten mit einem zahnlosen Kiefer eine gute Versorgung mit Implantaten zu ermöglichen, waren bisher viele einzelne Implantate und eine hohe Anzahl an Behandlungen nötig. Durch das innovative All-on-4™-Konzept ist die Behandlungsdauer deutlich verkürzt. Denn All-on-4™ bietet die Möglichkeit innerhalb eines Tages den zahnlosen Kiefer mit 4 Implantaten und festsitzenden, sofortbelastbaren Zähnen zu versorgen.

Der Gewinn für die Patienten ist enorm. Die Belastung ist geringer, ebenso der Zeitaufwand, und der sofortige Zugewinn an Lebensqualität lässt immer mehr Patienten diese Therapieform wählen. Auf Wunsch können wir diesen Eingriff auch in Narkose durchführen und Sie „verschlafen" Ihre Behandlung.

UNSERE LEISTUNGEN:
- ALLGEMEINE ZAHNHEILKUNDE
- ÄSTHETISCHE ZAHNHEILKUNDE
- PROPHYLAXE
- KINDERZAHNHEILKUNDE
- FUNKTIONSDIAGNOSTIK
- IMPLANTOLOGIE
- ZAHNERSATZ
- ORALCHIRURGIE
- PARODONTOLOGIE
- ENDODONTOLOGIE
- MUND-, KIEFER- & GESICHTSCHIRURGIE
- PLASTISCH-ÄSTHETISCHE OPERATIONEN
- NARKOSE

AVADENT CLINIC · BAD HOMBURG
Am Mühlberg 6–8 · 61348 Bad Homburg · Tel. 06172 – 30 77 77
ÖFFNUNGSZEITEN:
Mo – Fr 7:30 – 21:00 Uhr · Sa 7:30 – 14:00 Uhr

AVADENT CLINIC · KRONBERG
Gartenstraße 2 · 61476 Kronberg · Tel. 06173 – 78 778

WWW.AVADENT.DE

Wer die Region liebt, fördert sie.

Wir fördern Jahr für Jahr 655 Vereine, Projekte und Institutionen aus Kultur, Kunst, Sport und Umwelt im und am Taunus. So tragen wir einen guten Teil zum Wohlstand dieser Region bei. Viele Einrichtungen und Veranstaltungen begleiten wir seit Jahren und haben mit unserer nachhaltigen und partnerschaftlichen Unterstützung geholfen, sie groß und erfolgreich zu machen. Das Wohl der Menschen in dieser Region liegt uns eben am Herzen.

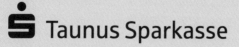

www.taunussparkasse.de, Servicetelefon 0800 51250000

Kleiner Hinweis auf einige großartige Bücher
des Verlages zur Musik und zu Wagner

Im zwanzigsten Jahr seines Bestehens und im Jahr des 200. Geburtstags von Richard Wagner legt der axel dielmann – verlag Frankfurt am Main neben diesem Band die 12-bändige *NTA Neue Text-Ausgabe Richard Wagner* vor. Die Ausgabe, herausgegeben von Rüdiger Jacobs, bringt erstmals eine vollständige chronologische Edition aller von Wagner zur Publikation gedachten Schriften; sie erscheint als Softcover-Ausgabe sowie als fest gebundene Ausgabe zusammen mit dem Projekte-Verlag Halle. 11 Bände enthalten die Schriften Wagners, der Band 12 gibt auf 560 Seiten Kommentare und mehr. – Zuvor war Solveig Müllers Bändchen *Peps und Papo* in der kleinsten Reihe des axel dielmann – verlags erschienen, in der von Hand fadengehefteten 16er Reihe: Die langjährige Mitarbeiterin an der *NTA* auf unterhaltsamen 32 Seiten über die Tiere, insonders die Papageien und Hunde von Richard Wagner erzählt. Ein Kleinod zur Ergänzung eines Bildes vom Komponisten und Schriftsteller Wagner. – Norbert Abels hat im axel dielmann – verlag unter anderem die wuchtige Sammlung von Essays *Ohrentheater / Szenen einer Operngeschichte*. Überraschende Interpretationen und Überlegungen zum großen Kanon der selten bis repertoiremäßig häufig aufgeführten Opernwerke auf 848 Seiten im schön gemachten Hardcover mit Lesebändchen. – All das finden Sie auch unter *www.dielmann-verlag.de*.
Bleiben Sie neugierig!

„Unsere Gemeinsamkeit. Unser Sponsoringpartner.
Unser Erfolg."

Wir von der Deutschen Leasing glauben daran, dass Engagement für eine gute Idee zum Erfolg führt. Daher sind wir besonders stolz darauf, Menschen und Initiativen zu unterstützen, die sich engagieren. Für die Kultur, den Sport und soziale Aktivitäten. Genau wie die Sparkassen, unsere Eigentümer und Partner, wollen wir so zu einem guten Miteinander in Deutschland beitragen. **www.deutsche-leasing.com**

Deutsche Leasing

axel dielmann – verlag

Kranichsteinerstraße 23
60598 Frankfurt am Main
www.dielmann-verlag.de
069 / 94359000
neugier@dielmann-verlag.de